Reinhold Messner

Der 7. Grad

Extremstes Bergsteigen

Technik – Training – Erlebnis

BLV
MÜNCHEN
BERN
WIEN

Fotonachweis

Peter Habeler, Heini Holzer, Erich Lackner,
Sepp Mayerl, Carlo Mauri, Reinhold Messner,
Jürgen Winkler, Deutsche Himalaja-Stiftung im DAV

Alle Rechte der Verbreitung einschließlich Film,
Funk und Fernsehen sowie der Fotokopie
und des auszugsweisen Nachdrucks vorbehalten

© BLV Verlagsgesellschaft mbH, München, 1973

Umschlaggestaltung: Franz Wöllzenmüller,
unter Verwendung eines Fotos von Sergio Bigarella:
Extreme Kalkkletterei im Carstensz-Gebirge, Neuguinea
Karte: Hellmut Hoffmann

Satz und Druck: Brönner & Daentler KG, Eichstätt
Bindung: Hans Klotz, Augsburg

Printed in Germany · ISBN 3-405-11261-3

Reinhold Messner   Der 7. Grad

*Als kleines Vorstudium
für unsere künftigen Touren*

Harald

Inhalt

Die einzelnen Erlebnisberichte werden immer wieder von Kapiteln unterbrochen, in denen der Autor jeweils seine Gedanken, Vorbereitungen und das Training für die folgende Tourenbeschreibung schildert. Diese Kapitel sind mit dem Symbol gekennzeichnet worden.

Der Sechste Grad	9
Der Siebte Grad	13
Angefangen hat alles mit einem Spiel	23
Ein Sonntag am Stadtrand	31
Begegnung am Bahnhof	36
Wie schwer ist eigentlich schwierig?	40
Auferstehung gefeiert	47
In der steinernen Stadt	51
Nur eine halbe Stunde Schlaf	57
An einem Tag über den Frêney-Zentralpfeiler	66
Granit und Schnee	73
Nur zwei Worte der Verständigung	79
Die fixe Idee vom unbekannten Ziel	84
Ein seltsames Gesicht	95
Verzicht auf den Franzosenpfeiler	99
Als Bergführer an den Cinque Torri	102
Eine Hand voll Steine	107
Fingertraining eines Selbstmörders	113
Die große Mauer	118
Einmal im Jahr	123
Kein Ausweg	126
Wenn ein Löffel vom Tisch fällt	133
Im Sommer wäre sie trocken gewesen	139
Fünf Routen an einem Tag	144
Der schwarze Punkt an der Wand	147

	Piccole Dolomiti	8	Eiger	15	Marmolata
	Burél (Schiara Gruppe)	9	Civetta	16	Heiligkreuzkofel
	Sella Türme	10	Langkofel	17	Rotwand (Rosengarten)
	Les Droites	11	Crozzon di Brenta	18	Furchetta
	Montblanc	12	Castelletto Inferiore	19	Wilder Kaiser
	Grandes Jorasses	13	Cinque Torri	20	Lienzer Dolomiten
	Domino	14	Coronelle		

Der Sechste Grad — Definitionen und Zitate berühmter Alpinisten

Man darf meiner Ansicht nach als Vorauskletterer immer nur solche Schwierigkeiten und Gefahren überwinden (natürlich mit Ausnahme von objektiven Gefahren wie Spaltengefahr usw.), *die man mit denselben Gefühlen auch allein überwinden würde.*

Paul Preuss in »Künstliche Hilfsmittel auf Hochtouren«, Deutsche Alpenzeitung XI, Jg. I, 1911

Für die modernen Kletterer bedeutet »Sechster Grad« soviel wie »Äußerst schwierig«. Für die Meister schneidiger Felsgänge, für die großen Kletterkanonen ist die erste Bezeichnung klarer, umfassender und bezeichnender als die zweite. Zaghaften Bergsteigern und allen Arten von Leuten, welche sich die Berge lieber von unten ansehen, wird der Ausdruck »Sechster Grad« freilich ziemlich rätselhaft bleiben, die Bezeichnung »Äußerst schwierig« dagegen buchstäblich klar und verständlich erscheinen — und doch ein sehr relativer Begriff bleiben, weil jeder die äußerste Grenze der Schwierigkeit nach seinem eigenen Maße annehmen wird.

Domenico Rudatis, »Das letzte im Fels«, München 1936

Die Bewertung einer Kletterei, und damit auch die Feststellung eines Sechsten Grades, muß erfolgen aus der zusammenfassenden Betrachtung der technischen Schwierigkeit der einzelnen Stellen, der Steilheit, der Ausgesetztheit, der Länge und — in bedingtem Maße — der Schwierigkeit des Zurechtfindens.

Domenico Rudatis, »Das letzte im Fels«, München 1936

Insbesondere kann niemand einen Sechsten Grad zuverlässig feststellen ohne die unmittelbare persönliche Kenntnis von anderen Fahrten sechsten Grades, welche von anderen schon einwandfrei als solche festgestellt und von dem Betreffenden selber ganz unter den gleichen Bedingungen wiederholt worden sind.

Domenico Rudatis, »Das letzte im Fels«, München 1936

Es ist kein Zufall, daß sich eine nur sechsstufige Skala ergeben hat. Sie ist ein natürlich entstehendes Schätzungsmittel von hohem relativem Wert. Wer sie übersteigert, vergeht sich gegen die klare Vernunft: wer sie mit weniger als fünf Graden unterschreitet, fördert einen Mangel.

O. W. Steiner in »Die Schwierigkeitsbewertung von Bergfahrten«, Wien 1962

Wird diese äußerste Grenze je überschritten werden? Es mag sein, daß Wunder der natürlichen Befähigung bei größter Übung sie ein wenig erweitern können, aber gewiß nicht viel. Alle die letzten Spitzenleistungen seit dem Solleder-Lettenbauer-Weg in der Civetta sind ein Wandeln auf der Schneide der unbedingten Grenze des Möglichen.

Domenico Rudatis, »Das letzte im Fels«, München 1936

Die absolute technische Schwierigkeitsgrenze des Kletterns ist seit langem ereicht.

O. W. Steiner, »Die Schwierigkeitsbewertung von Bergfahrten«, Wien 1962

Wenn der unübertreffliche Paul Preuß schrieb: »Bergtouren, die man unternimmt, soll man nicht gewachsen, sondern überlegen sein!«, so ist das nur noch bedingt wahr. Es ist klar, daß man den heutigen Spitzenfahrten des 6. Grades nicht mehr überlegen sein kann, man vermag sie bestenfalls mit großem Können und Glück zu erzwingen.

Otto W. Steiner »Die Schwierigkeitsbewertung von Bergfahrten«, Wien 1962

Hans Dülfer gab seiner Überzeugung Ausdruck, daß sich die Kletterfähigkeit der Bergsteiger noch erhöhen werde, meinte aber, daß man dann deshalb nicht neue Schwierigkeitsstufen schaffen müsse, weil die Schwierigkeit eigentlich konstant bliebe — wenn man das klettertechnische Können in Relation zum Fels bringe. Nimmt die Kletterfähigkeit zu, sinkt der Schwierigkeitsgrad der gleichen Kletterstelle. Ist mit dem Grad der Exponiertheit, mit dem Mangel an Haltepunkten, kurz, mit der Kompliziertheit des Geländes auch das Können der Kletterer gewachsen, bleibt die Schwierigkeit die gleiche.

O. W. Steiner

Das freie Klettern einer VI+ — die absolute Grenze des Menschenmöglichen — ist nur für Kletterer möglich, die über ungewöhnlich gute Technik, Kraft, Mut und Ausdauer verfügen.

Aus »Wände, Grate, Gipfel«, München 1970

Es können nicht neue Schwierigkeitsstufen zur alleinigen Befriedigung eines nicht berechtigten alpinen Ehrgeizes geschaffen werden.

O. W. Steiner, »Die Schwierigkeitsbewertung von Bergfahrten«, Wien 1962

Zur 6. Wertstufe »äußerst schwierig« gehören alle Kletterfahrten, die in freier Kletterei im allgemeinen zumeist nicht mehr zu bewältigen sind. Die Benutzung von allen nur erdenklichen künstlichen Hilfsmitteln ist meist Zwang.

Nach Willo Welzenbach

Daß heute von vielen als »extrem« geltenden Bergsteigern überhängende »Hakenrasseln« schwierigen Felsklettereien vorgezogen werden, liegt nicht zuletzt an unserer guten alten Welzenbach-Skala und dem verfänglichen VI-ten Grad.
Warum?
Weil man weit überhängenden Routen, die nur noch künstlich zu bewältigen sind, den höchsten Schwierigkeitsgrad VI+ zusprach. So hatte man — gegen Ende der fünfziger Jahre beginnend — den Ehrgeiz der Jugend in diese Richtung — besser diese Sackgasse — gelenkt. Die Vorliebe für »Hakenrasseln« dürfte vielleicht nachlassen, bewertet man diese nur noch mit »a« und Passagen tatsächlicher Freikletterei mit äußerster Schwierigkeit mit VI+.

Manfred Sturm im Tätigkeitsbericht 1969/70 im Sicherheitskreis des DAV, München 1971.

Der Sechste Grad ist nicht die tote Ziffer, in welcher die lebendige Stimme der Berge erlosch, wie es viele irrtümlich vermutet haben, indem sie an eine einseitige mechanische Gradwertung von einzelnen Stellen dachten; es ergibt sich hingegen klar, daß der Eintritt in den Bereich des Sechsten Grades nicht durch die Feststellung eines Überhanges geschieht, der mit Eisen und Hanf bearbeitet oder bearbeitbar ist, oder einer mehr oder weniger glatten und mit Haken gespickten Mauer.

Domenico Rudatis, »Das letzte im Fels«, München 1936

VI, Äußerst schwierig bedeutet zum Teil vermehrte Verwendung künstlicher Hilfsmittel. Vereinigung ausgefeilter Klettertechnik und Hakentechnik.

O. Eidenschink, »Richtiges Bergsteigen«, München 1959

In allen Anstiegsbeschreibungen muß klar unterschieden werden zwischen freier und künstlicher Kletterei. Eine Führe oder einzelne Passagen sind nur dann in freier Kletterei überwunden, wenn Haken, Keile, Seilschlingen und andere Hilfsmittel zur Sicherung verwendet werden und nicht als Fortbewegungsmittel. Dies bedeutet, werden in einer frei bewerteten Route

Haken als Griff oder Tritt benutzt oder Trittleitern eingehängt, daß der freie Grad zu einem A-Grad degradiert wird. Die Bewertung der Schwierigkeiten reiner Freikletterei ist mit Hilfe von römischen Ziffern I bis VI bezeichnet, mit Zwischenstufen untere (—) und obere (+) Grenze. Die Schwierigkeitsbewertung künstlicher Kletterei ist mit Hilfe des Buchstabens A (großes A) unter Hinzufügung der arabischen Ziffern 0 bis mindestens 4 bezeichnet. Die Zuhilfenahme von Bohrhaken ist durch das Symbol »e« ausgedrückt (Beispiel A2e). Es genügen sechs Grade, um die Schwierigkeiten freier Kletterei zu bewerten... Die freie Kletterei einer Passage VI+ bleibt außergewöhnlichen Kletterern vorbehalten. Hierzu ist zu betonen, daß Höchstleistungen und maximales Können im Gebiet der freien Kletterei liegen und nicht in der künstlichen Kletterei.

UIAA Sicherheitskommission unter Fritz Wiessner, 1971

Sowohl das Gehen mit Hilfsmitteln wie die Sicherung bringen — im Vergleich zum stilreinen Klettern — immer eine größere oder geringere Herabsetzung der Gesamtschwierigkeiten mit sich. Der Grad einer Kletterei, und im besonderen ein Sechster Grad, ergibt sich erfahrungsgemäß unter Einrechnung dieser Verminderung.

Domenico Rudatis, »Das letzte im Fels«, München 1936

VI. Außergewöhnliche Schwierigkeiten. Der Elite vorbehalten. Kleinste Griffe und Tritte verlangen außergewöhnliche Fingerkraft (intensivstes Klettergarten-Training nötig). Größte Exponiertheit verbunden mit kleinsten Standplätzen. Häufig kombiniert mit künstlicher Kletterei, dann großer Aufwand an Haken, Karabinern und Trittleitern. Mit VI+ wird eine Freikletterstelle bezeichnet, deren Überwindung für die besten Kletterer in Hochform, bei günstigen Verhältnissen (trockener Fels) unter optimaler Ausnutzung der Felsbeschaffenheit (Griffe, Tritte, Reibung) und beim heutigen Ausrüstungsstand (Profilgummisohlen) einen Gang an der Sturzgrenze bedeutet. Eine solche VI+-Stelle ist definitionsgemäß bei winterlichen Verhältnissen, ohne zusätzliche Haken als Fortbewegungshilfen, unbezwingbar. Erfahrungsgemäß behält eine solche Stelle ihre höchste Schwierigkeit nur dann, wenn keine zusätzlichen Haken geschlagen werden können, wenn es also die Felsbeschaffenheit nicht erlaubt, diese Stelle in künstlicher Kletterei zu bezwingen.

Werner Munter

Indem man sich somit an der längst erreichten obersten Grenze der absoluten Bewertungsmöglichkeit technischer Schwierigkeiten befindet, liegt Höheres außerhalb des Menschenmöglichen.

O. W. Steiner in »Die Schwierigkeitsbewertung von Bergfahrten«, Wien 1962

Der Siebte Grad — Tendenzen und Maßstäbe im sportlichen Bergsteigen der Gegenwart

Zwei Tendenzen lassen sich im extremen Bergsteigen der Gegenwart klar erkennen: die Suche nach neuen schwierigen Direktanstiegen auf die Achttausender und das Streben nach noch größeren Schwierigkeiten in den Alpen, im Yosemite, in den Pyrenäen...
Mit der Durchsteigung der Nordwestverschneidung an der Cima Su Alto in der Civetta, mit der Eroberung der Dru-Westwand wurden Anfang 1950 mit vermehrtem Einsatz künstlicher Hilfsmittel Probleme gelöst, an denen Spitzenkletterer mit den herkömmlichen Techniken gescheitert waren. Diese Entwicklung ging weiter und schien sich Ende der fünfziger Jahre mit der Begehung der direkten Nordwand der Großen Zinne, mit der Schweizer- und Franzosenführe an der Westlichen Zinne zu überschlagen.
Als sich nun die Technik mehr und mehr vervollkommnet hatte, jede Schwierigkeit irgendwie überwunden und jedes alpine Wandproblem gelöst werden konnte, wurden die extremen Bergsteiger — teilweise wenigstens — wieder sportlicher.
Das sportliche Bergsteigen — im Gegensatz zum »Eroberungsalpinismus« — wird vom Denken her bestimmt, nicht allein vom alpinistischen Problem. Der sportliche Kletterer sucht die Schwierigkeiten, um sie in einer bestimmten Art zu lösen; er unterwirft sich bestimmten Spielregeln, die für ihn allein Bedeutung haben — vielleicht noch für die Entwicklung des Alpinismus.
Das sportliche Bergsteigen ist keine Erscheinung der Gegenwart, es ist überhaupt nicht zeitgebunden, die Entstehung ist individuell und geht mehr als 100 Jahre zurück. Albert Frederick Mummery wurde sportlicher, als er auf seine Bergführer zu

verzichten lernte und die schwierigen Klettertouren seiner Zeit selbständig bewältigte, Paul Preuß lehnte den Mauerhaken ab, beherrschte aber den höchsten Schwierigkeitsgrad seiner Zeit trotzdem. Später waren es vor allem Hias Rebitsch und Walter Bonatti, die mit einem beschränkten Maß an künstlichen Hilfsmitteln kletternd, Bonatti mehrmals sogar im Alleingang, für ein »fair play« eintraten und trotzdem im obersten Schwierigkeitsbereich richtungsweisend waren. Im Sommer 1971 eröffnete der Bohrhakengegner Enzo Cozzolino mit einem Dutzend Normalhaken Routen, an denen vor ihm führende Kletterer trotz Einsatz des Meißels gescheitert waren.

Interessant zu beobachten ist dabei, daß mit Mummery der fünfte Schwierigkeitsgrad reifte, daß nach Preuß der sechste kam; und es ist nicht vermessen anzunehmen, daß Bonatti und Cozzolino den siebten Schwierigkeitsgrad eingeleitet haben.

Die tüchtigsten Kletterer aus den USA versuchen seit Jahren, den alten, teilweise technischen Routen die erste freie Begehung abzuringen; einige Male ist das bereits gelungen. Einer Route, die mit der Verwendung von fünfzig Fortbewegungshaken den höchsten Schwierigkeitsgrad aufweist, müßte ohne diese Haken folgerichtig ein noch höherer Schwierigkeitsgrad zugesprochen werden. Wenn die schwierigsten Führen der Alpen allein und vielfach ohne Sicherung geklettert werden, heißt das, daß in einer Seilschaft größere Schwierigkeiten als die bisher gekletterten möglich sind. Aus der Tatsache, daß Sechsertouren ohne Mehreinsatz von künstlichen Hilfsmitteln im Winter, bei Kälte und Schnee geklettert worden sind, folgere ich, daß die Möglichkeiten der Freikletterei bei günstigen Bedingungen noch nicht vollkommen ausgeschöpft sind.

Wenn der sechste Grad vor bald fünfzig Jahren als die nicht überbietbare Grenze des Menschenmöglichen eingeführt wurde, so heißt das nicht, daß diese Grenze nicht durchbrochen werden kann. Das starre Festhalten an den sechs Schwierigkeitsgraden hat zur Folge, daß die Routen alle zehn Jahre abgewertet werden müssen, daß der sechste Schwierigkeitsgrad ein Sammelbegriff für eine Reihe von äußerst schwierigen Anstiegen geworden ist, die sich in Wirklichkeit bis zu zwei Graden un-

terscheiden. Auch wenn man die heutigen Sechsertouren unter Berücksichtigung von A 0 klettert, das heißt, wenn man an Freikletterstellen vorhandene Haken weder als Griffe noch als Tritte benützt, ist die »Via Ideale« (VI) an der Marmolata d'Ombretta um einen halben Grad schwieriger als die Philipp-Flamm-Verschneidung an der Civetta (VI), die direkte Nordwand am Zweiten Sellaturm (V+) um einen Grad schwieriger als die Tissi-Führe am Ersten Turm (V—VI); der Tofana-Pfeiler (VI+) ist leichter als der Mittelpfeiler am Heiligkreuzkofel (VI), manche Goedecke-Route (VI oder VI—) steht zweifellos zwei Grade unter der direkten Südwand der Marmolata di Rocca (VI).
Dieses Chaos der Bewertung im obersten Schwierigkeitsbereich wird sich in den nächsten Jahren vergrößern, wenn man die Schwierigkeitsskala nach oben hin nicht offen läßt.

Diese Sechserskala ist für mich schon lange zu einem festen Begriff geworden. Die Zahlen sind anschaulich, nur die Wortbezeichnungen »sehr schwierig, äußerst schwierig, überaus schwierig« sind verwirrend. Ich habe ein feines Gefühl für die einzelnen Grade, für die Abstände der Stufen. Nur im obersten Bewertungsbereich finde ich mich nicht zurecht. Das liegt wohl an den alten Definitionen des sechsten Grades: VI = absolute Grenze des Kletterbaren. Man konnte doch auch nach den 10,0 von Armin Hary nicht einfach sagen: »Das ist die schnellste Zeit, die jemals gelaufen werden wird, schneller geht's nicht mehr, deshalb zählen die Zeiten darunter nicht, die messen wir gar nicht.«
Natürlich, die Fortschritte zeigen sich immer langsamer, je mehr wir uns dem Maximum nähern, aber sie sind da und man darf sie nicht a priori ausschließen.
Aus diesem Grund würde ich den sechsten Grad niemals als die Grenze des Menschenmöglichen im Bergsteigen definieren. Und wenn der sechste Grad als solche, als Limes definiert würde, gäbe es ihn nicht in der Realität. Es gäbe keine Route des sechsten Grades, weil niemand von sich behaupten kann, die Grenze des Menschenmöglichen erreicht zu haben. Ein Kletterer kann höchstens seine eigene, persönliche Leistungsgrenze er-

reichen, und er wird immer wieder versuchen, genau diese zu erreichen, auch wenn sie sich im Lauf der Zeit verschiebt.

Durch Anstrengung und Konzentration, durch Anspannung und durch Angst erzeugten Streß wird der Kletterer wacher für seine nächste und weitere Umgebung, er sieht die Dinge neu, mit einer Klarheit und geistigen Beweglichkeit, wie sie z. B. auch durch Meditation erreicht werden kann. Vor allem aber sieht er sich selbst in einem neuen Verhältnis zur Welt, er gerät für begrenzte Zeit in einen Zustand erweiterten Sehens.
Dieses Erlebnis lernt der Bergsteiger nach meiner Erfahrung nur an seiner eigenen Leistungsgrenze kennen. Das heißt nicht, daß solche Zustände dem Extremen vorbehalten sind, nein, jeder, sei er im zweiten oder im sechsten Grad zu Hause, kann dieses Erlebnis erreichen. Ein großer Könner allerdings muß längere, schwierigere Touren klettern, um in diesen Zustand des geistig vertieften Sehvermögens zu gelangen. Und der Wunsch danach wird das Leistungsniveau unaufhaltsam in die Höhe treiben.
Aber auch Leistungsgedanke und Erfolg stehen mit im Vordergrund. Auch sie regen immer wieder zu größeren, schwierigeren Klettereien an. Der »Erfolg« ist insofern mitverantwortlich für die Tendenzen der sportlichen Kletterei, als die Lust an einer Tätigkeit im allgemeinen von deren Erfolg abhängt. Mangel an Erfolg mindert den Tätigkeitsdrang.
Nach welchen Listen oder nach welchem Marktwert aber wird dieser Erfolg gemessen, da beim Klettern kein Produktionserfolg nachzuweisen ist? Zweifellos nach der Schwierigkeitsskala und der Bedeutung der Touren: Der Walkerpfeiler zählt mehr als die Aiguille-du-Midi-Südwand, die Fleischbank-Südostwand weniger als die direkte Nordwand der Lalidererspitze.

Die Begegnung Berg—Mensch hat eine feste Grenze, und diese wird mehr und mehr festgelegt. Im höchsten Schwierigkeitsbereich gingen nicht nur die Probleme aus, wenn grenzenlos technische Hilfsmittel eingesetzt würden, auch diese Grenze würde verwischt. Deshalb haben sich viele Bergsteiger, im gleichen Maße wie die technischen Hilfsmittel sich vervollkommneten und wirksam wurden, Beschränkungen auferlegt, um eine be-

Rißkletterei an der Salathé-Route am El Capitan, Yosemite. »Einige der dortigen Anstiege halten mit unseren allerschwierigsten Freikletterrouten ohne weiteres mit«, sagte Peter Habeler, der diese schwierigste Route Nordamerikas als erster Europäer kletterte.

Der Cerro Torre in Patagonien, ein »entweihter Berg«. Rechts Kletterei in der unbezwungenen Nordwand! Nachdem ihn Cesare Maestri 1971 mit einer Bohrmaschine bewältigte, hat er etwas an seinem Reiz eingebüßt. Vielleicht wäre er ein Ansporn für den »7. Grad« gewesen.

stimmte Spannung zu bewahren, um Berg und Mensch nicht in ein gar zu großes Mißverhältnis zu bringen.
Die besten jungen Bergsteiger von heute haben diesen sportlich-klassischen Weg eingeschlagen. Sie lächeln über die Bohrmaschine Cesare Maestris am Cerro Torre oder die »Brasilien-Expedition« zum Zuckerhut einiger Tiroler Bergführer.
Heute werden Besteigungen von intelligenten Leuten nicht mehr nach deren Publicity-Erfolgen gemessen, vielmehr an der Eleganz, an den Schwierigkeiten, und danach, wie diese überwunden wurden. Man strebt ein Ideal an, das Ideal der eleganten, möglichst geraden und unübertrefflich schwierigen Route.
Dieses Ideal ist ein Grenzwert, ein Limes, den niemand je erreichen wird. Wir können uns ihm nur nähern. So, wie die Hundertmeterläufer ihre Strecke niemals in fünf Sekunden laufen werden oder die Stabhochspringer niemals auf zehn Meter kommen werden. Trotzdem wäre es vermessen, die 9,8 sec. oder 6 m zur unüberbietbaren Grenze des Erreichbaren zu erklären. In diesen wie in anderen Bereichen läßt man die Skala nach oben hin offen für neue Rekorde, als Ansporn, als Faszination.
Ebenso vermessen ist es, den sechsten Grad als die unüberbietbare Grenze des Frei-Kletterbaren hinzustellen. Natürlich haben wir es hier nicht mit einer exakt meßbaren Skala zu tun, sondern mit Schätzwerten. Trotzdem wage ich zu behaupten, daß es Kletterer geben wird, die die Schwierigkeiten von heute um einige Grade zu überbieten imstande sein werden.
So sehr ich eine Kletterolympiade, ein Klettern auf Zeit, ein Klettern nach Punkten, überhaupt jedes Wett- und unmittelbare Vergleichsklettern ablehne, so sehr fasziniert mich der Gedanke an den siebten Schwierigkeitsgrad.
Die Schwierigkeitsskala muß nach oben hin geöffnet werden, sie muß unbegrenzt offen sein ... Dann erst würde ich es wagen, Führen mit VI oder VI+ zu bewerten und ich wäre gespannt, wer die erste VII klettert.
Als ein Ziel im sportlichen Bergsteigen sehe ich das Streben nach größeren Schwierigkeiten bei freiwilligem Verzicht des Menschen auf seine Überlegenheit dank der Technik. Um in der Schwierigkeitsskala nach vorne zu können, müßte der Kletterer im Gebrauch künstlicher Hilfsmittel freiwillig einen Schritt zurück tun.

Allein durch besseres Training, durch Geschicklichkeit, durch viel Erfahrung gewinnt der Kletterer die Sicherheit, die ihn dem sechsten Grad soweit überlegen sein läßt, daß er ihn allein klettern kann, im Auf- und Abstieg, im Winter. Er wird sich dann im Bereich des sechsten Schwierigkeitsgrades des Erfolges bei guten Verhältnissen zu sicher sein und noch größere Schwierigkeiten suchen, um wieder seine Leistungsgrenze und die damit verbundenen Erlebnisse zu erreichen.

Wenn es stimmt, was amerikanische Wissenschaftler in jahrelangen Versuchen erarbeitet haben, nämlich, daß »Zielvorstellungen und Zielsetzungen vornehmlich in Bereichen ungewissen Ausgangs entstehen«, wenn der freiwillige Verzicht auf die technische Überlegenheit des Menschen am Berg bei der jungen Bergsteigergeneration anhält, wenn eine nach oben hin offene Schwierigkeitsskala eingeführt wird, kommt auch in den Alpen der siebte Grad.

Dann erst wird das Klettern eines andauernden Fortschritts fähig, eines im Prinzip unendlichen Fortschritts.

Plötzlich war der Sommer, von dem ich hier berichten will, zu Ende. Ich arbeitete wieder und erinnerte mich manchmal an die großen Touren, als wäre alles selbstverständlich gewesen. Gedankenspiele, die ich früher selbst für vermessen gehalten hatte, waren Wirklichkeit geworden. Mir waren Wände gelungen, von denen ich Jahre vorher noch nicht einmal geträumt hatte. Meist kletterte ich allein und in einem Stil, den andere, die es nichts angeht, als offensichtlichen Leichtsinn hingestellt haben. Ich war in Höchstform und es berührte mich nicht. Ich hatte das Gefühl, daß dieser Sommer mein Leben positiv bereichert hatte.

Bis eines Tages jemand meinte (es waren mehrere sogar), mein Tun nach der Verantwortlichkeit prüfen zu müssen. (Tausende sterben täglich an Hunger, Tausende auf der Straße und ebensoviele an den Krankheiten unserer Zeit: Herzinfarkt, Arterienverkaltung, Langeweile...)
»Augenscheinlich«, sagten einige, die sich selbst krimineller Touren rühmten, »suchen Sie die Gefahr um der Gefahr willen!«
»Nein«, sagte ich, »ganz im Gegenteil!«
»Sie gehen diese Touren allein«, sagten sie, »ohne jede Sicherung und manchmal noch bei schlechtem Wetter« und kamen zur Folgerung (mit erhobenem Zeigefinger, als ob sie es gemeinsam geübt hätten): »Eine gefährliche Sache, die schlimm enden muß!«
Ich lächelte, wenn ich ihre Bedenken auch ernst nahm und versuchte, es aus ihrer Sicht zu verstehen.
»Es wird schlimm enden«, wiederholten sie. Ich lächelte trotzdem — obwohl ich wußte, daß ich mir mit meinem Lächeln keine Freunde machte.
»Warum geben Sie nicht offen zu«, bohrten sie mit wenig Einfühlungsvermögen weiter, »daß Sie leichtsinnig sind?«
Ich schüttelte den Kopf.
(Irgendeinen Grund mußten sie ja finden und von Neurosen sprachen sie nur hinter meinem Rücken.)
»Die Erfahrung hat gezeigt«, dozierten sie, ohne im Unrecht zu sein, »daß sowas nur einmal gut geht, vielleicht einen Monat lang, höchstens einen Sommer lang.«
»Mag sein.«
»Und Sie tun es trotzdem!«
»Ich fühle mich sicher, sicherer sogar als zu zweit.«
»Das ist nicht möglich!«
»Ich selbst kann mich einschätzen, meinen Partner nicht. Und ich liebe es nicht, über ihn zu urteilen oder ihn zurückzuschikken.«
»Sie verzichten auf die Seilsicherung, um nicht vom Partner in Gefahr gebracht zu werden, wenn wir richtig verstehen?«
»Ich habe mich gut vorbereitet, ich habe im Frühling mit dem Training ganz von vorne angefangen.«
»Möglich«, sagten sie, »aber was alles hätte passieren können in diesem Sommer, daran denken Sie nicht!«

»Offensichtlich ist mir nichts passiert.«
Sie wurden wütend.
»Warum geben Sie nicht klipp und klar zu, daß Sie Glück hatten, viel Glück?«
Ich schwieg, sah die Steinbrocken, die am Nachmittag über das Eisschild der Droîtes-Nordwand fegten, während ich zur Hütte aufstieg, betrachtete den Stumpf des Hammers, der mir in der Soldà-Führe am Langkofel in der Hand geblieben war, hörte die Wasserfälle in der Ausstiegsschlucht der Philipp-Verschneidung an der Civetta. — Ich sah den stürzenden Körper meines Seilkameraden am Baffelan und dachte an jene Besserwisser, die unter der Nordwand des Zweiten Sella-Turms vom Bergrettungsdienst sprachen.

Manchmal habe ich mich wirklich gut festhalten müssen, um nicht aus der Wand zu fallen.

Angefangen hat alles mit einem Spiel

Am zweiten Tag der »Festa della Matricola« war es. Am Platz vor dem »Pedrocchi«, einem der vornehmsten Cafés im Zentrum von Padua, verfolgte eine Masse von Studenten den Kampf der »goliardi« am »Palo della Cucagna«. Es mochten etwa sechs oder acht sein, die einige tausend Umstehende in Aufregung hielten. Geschrei, Musik, Lautsprecher... ein italienisches Studentenfest.
Die »Festa della Matricola« dauerte drei Tage lang. Die Universität blieb geschlossen, wir Studenten hatten frei. Dafür wurden Straßen gesperrt, Kinos gestürmt, Wetten und Spiele ausgetragen. Eines dieser Spiele war die Besteigung des »Palo della Cucagna«, eines etwa fünfzehn Meter hohen Stammes, der eigens zu diesem Zweck mitten in der Altstadt aufgestellt worden war. Da der Stamm mit einer zentimeterdicken Fettschicht beschmiert war, schien die Besteigung unmöglich; wie schmutzig man dabei wurde, ist nicht zu beschreiben. Wohl aus diesem Grunde hatten sich die Studenten, »goliardi« genannt, mit alten Militäranzügen angetan, mit Laken und feinem Sand ausgerüstet. Mit einer bewundernswerten Hartnäckigkeit versuchten sie immer wieder, sich am Stamm hochzukämpfen. Vergeblich.
Schon mehrere Jahre hindurch war der »Palo« unbestiegen geblieben. Und vielleicht wurden diesmal gerade deshalb fünftausend Lire ausgesetzt, als Prämie für den Mann, der den Kranz am oberen Ende des Stammes erreichte.
Am Kranz — einer rostigen Fahrradfelge — hing allerlei Kleinkram: Würste, Nudeln, ein BH...
Wieder machte sich eine Gruppe an die Arbeit. Geschrei, Buhrufe, Aufmunterung durch den Lautsprecher... dann wieder Musik. Die Fenster um den Platz waren aufgerissen und die

Leute gafften. Nach wenigen Metern rutschte der Spitzenmann herunter, sichtlich niedergeschlagen schauten seine Helfer zu. Er stand unten, schimpfte, schüttelte den Kopf, schaute zornig hinauf und versuchte es wieder. Von unten schoben und stützten ihn seine Gehilfen. Weiter oben am Stamm hing ein Strick — zwei Meter lang etwa — mit einfacher Schlinge um das fettige Holz gebunden. Der oben griff danach, hastig zog und wand er sich hinauf, stellte den Fuß in die frei herabhängende Schlaufe. Während er sich oben heftig atmend am Stamm festklammerte, schrie die Menge begeistert, aufmunternd...
Der Strick aber rutschte langsam am Stamm herab, unmerklich fast, aber er rutschte. Sofort stellten sich zwei Freunde an den Fuß des Stammes. Ein dritter folgte, schwang sich auf ihre Schultern, und unterstützt von einem vierten konnten sie die Fahrt bremsen. Der Spitzenmann entlastete den Strick, versuchte ihn hochzuschieben und wieder hineinzusteigen. Die unter ihm aber krümmten sich, stöhnten und schrien plötzlich laut auf. Die menschliche Pyramide brach in sich zusammen.
Bisher hatte ich zugesehen. Jetzt wußte ich, daß die Erkletterung auf diese Weise unmöglich war. Allein der Strick, der etwa auf einem Drittel Höhe hing, ließ mir eine Möglichkeit einfallen. Ich erkundigte mich bei der Jury, ob es erlaubt sei, diesen Strick zu benützen.
»Selbstverständlich!«
»Und einen zweiten?«
»Sowieso!« — »Nur keine Leiter, keine Nägel.«
Das waren die Regeln.
Dann meldete ich mich für einen Versuch an, so hatten es alle anderen vor mir getan, die sich eine Chance ausgerechnet hatten. Ich wolle versuchen, sagte ich.
»Allein?«
»Ja, allein.«
Die Studenten von der Jury lachten.
»Aussichtslos«, grinste einer. Ich wollte trotzdem.
»Dann gleich los!«
»Moment«, bat ich, »komme gleich zurück!« und lief weg. Zehn Minuten später war ich wieder da — mit einem Koffer in der Hand.

Ich stellte ihn unter den Baum, öffnete ihn, zerrte einige alte Kleidungsstücke heraus und zog mich um. Einem der Umstehenden gab ich zu verstehen, daß ich seine Militäruniform bräuchte. Er gab sie mir, ich zog sie über, füllte dann die Taschen mit feinem Sand und Schaumgummistückchen, die für den Fall eines Absturzes am Fuße des »Palo« aufgehäufelt lagen. Ich sah nun plump und dick aus.
In doppelter Windung legte ich eine Reepschnur um den Stamm, die ich ebenfalls im Koffer mitgebracht hatte, schob sie so weit wie möglich nach oben und zog daran. Sie hielt. Das frei herabhängende Ende knotete ich zu einer Schlaufe und stieg hinein. Bald stand ich mit einem Fuß in dieser Schlinge, schaukelte ganz kurz, brachte dann meinen Körper ins Gleichgewicht. Mit einer Hand löste ich die Schlinge, die die anderen hatten hängen lassen. Mit der anderen hielt ich mich am Stamm fest. Mit wenigen Bewegungen legte ich auch die zweite Schlinge doppelt um ihn herum und stellte den zweiten Fuß hinein.
Abwechselnd schob ich nun die Schlingen am Stamm hinauf und gewann rasch an Höhe. Während ich die eine belastete, entlastete ich die andere und schob sie ein Stück weiter. Alle, die vorher noch gelacht hatten, staunten nun. Auf dem ganzen Platz war es still. Mit den Schaumgummistücken putzte ich das Fett ab, rieb die dreißig gewonnenen Zentimeter Stamm über mir mit Sand ein und schob einen der Klemmknoten wieder nach oben. So ging es Stufe um Stufe.
Nach zwei Stunden war ich knapp unterm Ziel. Der Kranz drehte sich langsam, vor und zurück — zurück, vor. Als meine Sandreserven zu Ende gingen, warfen meine Südtiroler Kameraden ein Säckchen davon herauf. Ich fing es auf. Die Menge tobte, die Leute in den Fenstern klatschten.
Wenig später zog ich mich am Kranz mit einem Klimmzug hoch. Ein wildes Tosen ging durch die Altstadt. Die Lärmwogen brandeten an die Hausmauern, wurden zurückgeworfen und schlugen über mir zusammen. In überheblicher Geste warf ich die am Kranz hängenden Stücke hinunter in die Menge: Nudeln, zwei geputzte Hühner, Würste...
Auf dem Platz begann ein Stoßen und Schieben, Hände griffen in die Luft. Der Lärm steigerte sich zu einem wilden Sturm der

Begeisterung, während ich eine der beiden Schlingen löste und in weitem Bogen mitten in den Platz warf. Ich brauchte sie nicht mehr, sie war wertlos. Trotzdem raufte man sich um sie. Inzwischen war ich aus der zweiten Schlaufe gestiegen, ließ sie hängen und rutschte den Stamm im Kletterschluß hinunter.
Kaum stand ich am Boden, wurde ich beinahe erdrückt. Man schüttelte mir die Hand, klopfte mir auf die Schulter... Photos wurden geschossen..., italienische Begeisterung.
Der »Palo« war seit vielen Jahren erstmals wieder bestiegen worden und noch dazu im Alleingang. Nach keiner meiner Bergfahrten wurde ich so empfangen wie nach dieser Schaukletterei. »Mit einem Prusikknoten ist das doch eine Spielerei«, sagte ich und zwängte mich zwischen den Gratulanten zur Jury durch, um meine Prämie abzuholen: fünftausend Lire! Man lud mich ins »Pedrocchi« ein und während ich mich dort feiern ließ, lachte ich über mich selbst und über die Tatsache, wie leicht man einem Haufen Studenten Bewunderung abkaufen kann.
Als ich wenig später über den Platz zu den wiederaufgenommenen Vorlesungen ging, war er leer. Anständige Bürger ärgerten sich sichtlich über die Nudeln auf dem Boden und ein Straßenkehrer war gerade damit beschäftigt, das viele Papier einzusammeln, das gar nicht zu diesem Platz paßte.
Bevor ich um die Ecke zum Cavour-Platz bog, schaute ich nochmals zurück zum »Palo«, der nun unbeachtet dort stand und sich zwischen den Häusern wie ein Fremdkörper ausnahm. Ganz oben hing eine meiner Schlingen.
»Als ob sich jemand daran hätte aufhängen wollen«, dachte ich, bevor ich in die Aula trat, wo der Professor gerade das Hexagonalsystem erklärte.

Schaukletterei in Padua: Die Prusikschlingen hielten nur, nachdem ich den Holzstamm Stück für Stück vom Fett gereinigt und mit feinem Sand eingerieben hatte.

Reinhold Messner am »Probierstein«. Nach einem Vortrag in Carrara forderten ihn die Veranstalter auf, im Klettergarten diesen Faustriß zu klettern, im Anzug und weißem Hemd . . .

In diesen Tagen begann ich in Padua mit dem Training für die Bergtouren im Sommer. Ich stand früher auf als sonst, ging in den Hof des Studentenheims und lief dort einige Runden. Morgen für Morgen wurden es mehr.
An den Wochenenden fuhr ich zu den Kletterfelsen von Teolo. Meist traf ich dort italienische Freunde, die ebenfalls übten.
Jede Stadt mit alpiner Tradition hat ihren Klettergarten. Die Münchner trainieren im Isartal, die Wiener an der Rax, von Paris aus geht man nach Fontainebleau, die Innsbrucker haben den Höttinger Steinbruch, die Paduaner schätzen die Rocca Pendice als ihren Klettergarten. Die Felsen, ein Konglomeratgestein, sind fest, bis zu 120 Meter hoch und nur fünf Minuten von der Straße entfernt. Moos klebt auf den Platten selten begangener Routen, die Haken sind vom Rost zerfressen. Da und dort wächst ein Strauch, am Ausstieg stehen einige Laubbäume, die zur Selbstsicherung dienen.
Die kürzesten Routen sind die beliebtesten. Sie sind sauber, die Haken einzementiert, die Griffe glänzen. Viele Paduaner kennen dort jede Leiste, jede Ritze, sie klettern flink wie Eichhörnchen.
Wie in jedem anderen Klettergarten gibt es auch in der Rocca Pendice einen »Probierstein«, wo Neulinge auf die Probe gestellt werden. Als man mich das erste Mal aufforderte, diesen 15 Meter langen Quergang an stark überhängenden Felsen zu klettern, ahnte ich, daß es um meine »bergsteigerische Ehre« ging. Zuerst schaute ich, rieb die Fingerspitzen mit Kreide ein, damit sie trocken blieben, bemühte mich, langsam und gleichmäßig zu atmen. Dann stieg ich ein, kletterte vom linken bis zum rechten Ende der Querung und wieder zurück. In den Augen der Paduaner hatte ich damit bestanden.
Damit hatte ein großer Sommer für mich begonnen. Ich ahnte es noch nicht. Eigentlich hatte ich vorgehabt, alle vorgeschriebe-

nen Prüfungen an der Universität abzulegen und meine Kletterziele zurückzusetzen.
Sechs Monate lang hatte ich mich gezwungen, von Vorlesungssaal zu Vorlesungssaal zu hetzen, von der Bude im Studentenheim zu irgendeinem Institut, vom Institut ins Heim... Niemand hatte mir verboten, in die Berge zu gehen und trotzdem war ich nicht gegangen.
Alles kam anders. Ich hatte es nicht so geplant, wie es kam, und doch weiß ich nicht, ob ich mich heute anders entscheiden könnte, wenn ich ein zweites Mal in derselben Lage wäre.

Ein Sonntag am Stadtrand

Unschlüssig stand ich an meinem Schreibtisch. Es war Sonntag, die Bücher lagen aufgeschlagen da.
Die Vormittagsnebel, die in den ersten Frühlingswochen meist über Padua hingen, hatten sich verflüchtigt. Draußen mußte die Sonne scheinen. Ich sah über die Häuser hin: Institute, Vorlesungshallen, Laboratorien. Im Hof vor meinem Fenster standen einige Bäume. Das war alles. Ich lehnte mich zum Fenster hinaus, schaute hinab auf die Straße. Die Luft zwischen den Häusern und über den gepflasterten Plätzen war erfüllt von Abgasen. Stumpfer Lärm, der immer mehr aufquoll und jeden Raum ausfüllte, setzte sich wie ein Alptraum in meinem Kopf fest. Von Zeit zu Zeit drängten ein paar Gruppen über die Gehsteige dem Zentrum zu. Einzelne Erwachsene eilten schweigend aneinander vorbei. Jedesmal, wenn mich der Ekel vor dieser Stadt überkam, ging ich vom Fenster weg und im Zimmer herum.
Plötzlich durchbrach ein Geschrei von Kinderstimmen den breiten Lärm des Vormittags. Anscheinend durften sie mit ihren Eltern aufs Land fahren und sie freuten sich sichtlich darüber. Das hatte ich erraten. Spontan bekam ich Lust, hinterherzufahren.
In Teolo stiegen sie aus. An der grasbewachsenen Berglehne der Rocca Pendice spielten noch andere Kinder. Sie schrien, die kleinsten liefen umher und die Hunde bellten. Ganz oben, wo die Felsen aus den Sträuchern emporwachsen, kletterten einige Erwachsene herum. Das Singen der Haken, die in den Fels geschlagen wurden, drang bis zu uns herunter.
Ich setzte mich auf einen Steinklotz und sah dem Treiben der Kinder zu. Sie hatten eine Schnur an ein Brett gebunden und zogen dieses über die steile Wiese hinauf. Oben angekommen,

setzten sich zwei auf das Brett und rutschten damit wie auf einem Schlitten johlend den Hang hinunter. Ein Hund lief neben ihnen her. Mit den Füßen lenkten sie das Ding geschickt zwischen Sträuchern und Steinen hindurch. Die Kinder waren so begeistert wie das Tier. Nur die Erwachsenen schauten vorwurfsvoll auf die Kleider der Kleinen, die grüne Flecken hatten.
Später ging ich zum Wagen, zog mir Kletterhosen, einen Pullover und andere Schuhe an, schlenderte zu den »Grotte« und kletterte dort. Die »Grotte« sind Trainingsfelsen — bis zu vier-Meter hoch und voller Löcher. Sie eignen sich wie kaum ein anderes Gelände zum Üben, weil sie überhängend sind und weil man auf Grund der geringen Höhe bis an die Sturzgrenze klettern darf.
Giorgio hatte sich aus der Gruppe der Kinder gelöst und war zu mir gekommen. Er kaute an einem Grashalm, während ich die bauchige Wand querte, lehnte sich dann an den Stamm einer Eiche und verfolgte jede meiner Bewegungen. »Alpinista?« fragte er. Ich schüttelte den Kopf.
Auch Giorgio versuchte sich nun an den »Grotte«. Er kam kaum vom Boden weg. Das war keineswegs verwunderlich, war er doch höchstens zwölf Jahre alt. Er stellte sich recht geschickt an und ich lobte ihn. Später erzählte er mir, daß sein Vater ein ausgezeichneter Bergsteiger war und daß er ihm Bergbücher zu lesen gegeben hatte. Giorgio wußte bereits, was ein Haken ist, nur wie man ihn einschlägt, hatte er noch nicht begriffen. Ich erklärte es ihm und trieb einige Stifte in Ritzen und Löcher. Begeistert erzählte mir Giorgio von den Bergfahrten seines Vaters.
Giorgio war auch der Ansicht, daß nur ein Genie den sechsten Schwierigkeitsgrad meistern könne. Obwohl ich sagen wollte, daß jeder gesunde, trainierte Kletterer es kann, sagte ich es nicht, ich wollte seine Helden ihrer Privilegien nicht berauben.
Inzwischen hatte ich mich warmgeklettert, verabschiedete mich von Giorgio und lief hinüber unter die Nordwand der Rocca Pendice. Sie ist etwa hundertachtzig Meter hoch und die »via Carrugati« ist die klassische Führe dort. Auch die beliebteste. Sie war vom Gras gesäubert worden, alle nötigen Haken steckten und es verging kaum ein Sonntag im Frühling, an dem sie nicht wenigstens fünfmal durchstiegen wurde.

Am Einstieg waren zwei Seilschaften gerade damit beschäftigt, sich für diese Genußkletterei im vierten und fünften Schwierigkeitsgrad zurechtzumachen. Ich kannte das alles und genoß es nun, sie zu beobachten.

Die Bewegungen waren feierlich, als sie das Seil um die Brust legten und die Knoten prüften. Sorgsam hatte der Seilzweite die Seile über die Schulter gelegt und hielt sie mit den Händen. Der Seilerste ging zum Einstieg. Ein letztes Tasten an der Ausrüstung, der Kletterhammer an der richtigen Stelle, ein Nicken zum Kameraden.

Die ersten Schritte waren unbeholfen, er schlug einen Haken, und nachdem er einige Meter weitergeklettert war, warf er die Seile über einen Zacken und spreizte in einer weiten Verschneidung höher, elegant und rhythmisch. Jetzt erst erkannte ich ihn. Es war Giorgios Vater.

Alles war so wie bei einer großen Bergfahrt, nur die Spannung fehlte. Bei einer Klettergartentour fehlt der Hauptteil. Es ist der Einstieg da und die Gipfelseillängen. Mit der Abgeschiedenheit aber beginnt das eigentliche Erlebnis. Damit erst begibt sich der Bergsteiger in eine andere Welt.

Alles, was ich an Ausrüstung dabeihatte, legte ich nun unter einen Steinklotz und stieg ihnen nach. Nach wenigen Minuten hatte ich die beiden anderen überholt. Mein Tempo wurde nach jedem Meter schneller, meine Sicherheit wuchs an jedem Griff, an jedem Tritt und mit jeder Bewegung fühlte ich mich stärker werden. Als ich am Gipfel stand, war ich so wenig müde, wie zehn Minuten vorher am Einstieg.

Über den Normalweg an der Südseite kletterte ich ab, lief nochmals um das ganze Massiv herum und durchstieg als nächste die Nordwand des nächsten Gipfels. Die beiden anderen kletterten gerade in der Wandmitte, als ich auf gleicher Höhe war und ehe sie das kleine Felsdach knapp darüber, die Schlüsselstelle der Wand, überwunden hatten, war ich am Gipfel. Diese zweite Route war kürzer als die erste, 120 Meter etwa, und so war ich nun auf 300 Meter Gesamtlänge gekommen.

So mancher meinte, ich verfolgte nur einen einzigen Zweck bei dieser schnellen Kletterei: den, zu gefallen nämlich. Und für so manchen ist es wirklich nicht leicht, dieses Vorurteil abzuschütteln. Mir aber ging es in erster Linie darum, wenigstens 500 Wandmeter ohne Rast zu klettern, weil die Dolomitenwände durchschnittlich so lang sind. Ich wollte mich selbst auf die Probe stellen, bevor ich erstmals wieder ins Gebirge ging, in einer großen Wand könnte es zu spät sein.

Zwei Routen kletterte ich noch an diesem Nachmittag. Dabei begegnete ich immer wieder den beiden von der »via Carrugati«. Sie waren sichtlich verärgert über meine Schnelligkeit und stellten sie ihren Kameraden gegenüber als Leichtsinn hin. Als mir dies einer meiner Freunde zwei Tage später in einem Café der Altstadt flüsterte, dachte ich lächelnd im stillen: häufiger ärgert man sich über sich selbst als über die Trainingsmethoden eines anderen!

Meine morgendlichen Geländeläufe hatte ich inzwischen bis zu einer Stunde ausgedehnt. Einige Studenten hatten sich mir angeschlossen. Manchmal liefen wir um die Wette.

Das Laufen an sich schon machte mir Spaß. Zudem ist es wohl die beste Form des Konditionstrainings und ich würde es vor allem den Eisgehern empfehlen. Ausdauer ist für sie wie auch für die Felsgeher eine Grundvoraussetzung, fehlt sie, bleibe ich besser im Klettergarten.

Um die Finger zu trainieren, hangelte ich eine abschüssige Leiste an der Wand des Studentenheims entlang, einmal hin, einmal zurück, das waren 60 Meter bei größter Unterarmanspannung.

An den Südhängen der Voralpen lag damals kein Schnee mehr. Claudio Cima, ein Student aus Mailand, hatte mich zu einer Tour in den Piccole Dolomiti eingeladen. Piccole Dolomiti heißt auf deutsch: Kleine Dolomiten. Sie stehen am Alpenrand, am

Pasuvio, zwischen Vicenza und Trient. Sie sind kein Gebirge und kein Klettergarten, sie sind ein Zwischending. Im Frühling, solange der Schnee die Zustiege zu den Dolomitenwänden erschwert, sind sie ein beliebtes Trainingsgebiet. Es gibt dort aber auch zwei- und dreihundert Meter hohe Wände; senkrecht, kleinsplittrig und schwierig. Keine Geringeren als Soldà und Carlesso sind dort in die Kletterschule gegangen.

Der brüchige Fels verlangt ein richtiges Belasten der Griffe, ein sauberes Steigen. Auf Grund der Steilheit gewöhnt sich das Auge wieder an die Ausgesetztheit, die Hornhautbildung auf den Fingerspitzen wird durch die feuchte Graskletterei und den rauhen Kalkfels angeregt.

Das alles aber war nicht so wichtig für uns, wichtig war, daß wir wieder unterwegs sein konnten.

Begegnung am Bahnhof

Das Laub der Kastanien war noch jung und zart. Ich stand bei meinem Wagen, im Schatten der Bäume, und las den letzten Brief von Claudio. Wir kannten uns nicht persönlich, nur brieflich. Monate vorher schon hatte er angedeutet, daß eine gemeinsame Bergfahrt nicht ausgeschlossen sei, daß sich darüber reden ließe. Später verabredeten wir uns dann für dieses verlängerte Wochenende.
An mir vorbei, mit Koffern in der Hand, drängten sich die Fahrgäste aus dem Bahnhofsgebäude. Sie kamen aus Turin, aus Mailand, aus der weiten Poebene und hatten es eilig. Draußen auf dem gepflasterten Platz, in der grellen Sonne, stiegen sie in die wartenden Taxis oder verloren sich in den Straßen der Stadt.
»Ciao, Reinhold!« hörte ich plötzlich eine Stimme hinter mir, »aspetti da lungo?«
Es war Claudio. Er schaute gar nicht aus wie ein Bergsteiger, blaß im Gesicht und in Jeans wie alle anderen jungen Leute hier. Auch ich war bleich wie immer in den neun Schulmonaten.
Beim Aufstieg zur Hütte schon verbrannte uns die Frühlingssonne die Gesichter. Wir merkten es am nächsten Nachmittag, während wir über die Südkante auf den Piccolo Apostolo kletterten. Am Vormittag hatten wir die klassische Soldà-Führe am Baffelan wiederholt, ein riesiges Verschneidungssystem, das zum Teil noch von Schmelzwasser überronnen war. Hier an der scharfen Kante war der Fels trocken, das Gras auf den Standplätzen war gelb und spröde. Manchmal zitterte es kurz im Wind. Oben, hoch über unseren Köpfen, sprang ein Überhang hervor, der in der sinkenden Sonne freundlich und warm wirkte. Die Route führte wie eine verwegene Leiter an beiden Seiten der Kante empor.

Das junge Grün der Ebene löste sich fast ohne Übergang in dem blassen Blau des Horizonts auf. Von der Hütte unten stieg eine zarte Rauchwolke empor.

Der nächste Standplatz war der Gipfel. Der Schnee an den Nordhängen glitzerte, er war dicht und hart wie Eis, ich hatte mehr als die Hälfte des Seiles schon eingezogen. Der Boden war feucht, aber noch nicht gefroren. Die Nacht würde kalt werden, dachte ich.

Am nächsten Mittag kletterten wir im obersten Drittel der Carlesso-Führe am Baffelan. So glaubten wir wenigstens. In Wirklichkeit waren wir von der richtigen Führe abgekommen und befanden uns am äußerst schwierigen Soldà-Pfeiler. Die letzte Seillänge war schwierig gewesen, kleinsplittrig, ich fand keinen Haken, sechster Schwierigkeitsgrad. Auf einem Graspolster war deutlich ein Standplatz zu erkennen. Ein alter Haken hinter einer stabilen Schuppe bestätigte es mir. Ich hängte eine Selbstsicherung in den Standhaken, der in Bauchhöhe von oben nach unten geschlagen war. Er sah vertrauenswürdig aus. Trotzdem versuchte ich einen zweiten zu schlagen.

Es ist eine meiner Gewohnheiten, zwei Standhaken zu haben. In einem Naturloch knapp überm Kopf brachte ich einen mittleren Cassin-Haken unter und hängte mich am Seil mittels Achterknoten straff an diesen. Nun war ich zufrieden. Claudio konnte nachkommen. Bald war er bei mir, und da das Gelände über uns nicht allzu schwierig aussah, kletterte er gleich weiter. Ein großer Ringhaken lockte ihn nach rechts in eine Verschneidung. Den Ringhaken, der rund zehn Zentimeter herausschaute, riet ich meinem Freund abzubinden. Er knotete (einfache Prusikschlinge) eine Reepschnur ganz am Fels um den Stift, hängte das Seil mittels Karabiner in die Schlaufe. Nach weiteren zehn Metern verlief sich die Verschneidung an der senkrechten Pfeilerkante. Ein Haken steckte dort. Claudio hängte ein und kletterte frei weiter. Es muß sehr schwer gewesen sein. Er schlug einen Haken und verschwand hinter der Kante. Zehn Meter Seil hatte ich noch. Da roch ich förmlich die Gefahr und wurde aufmerksamer als gewöhnlich.

Plötzlich Hakengeklirr, ein Ruck (der erste Haken ist ausgebrochen, dachte ich) und gleich wieder ein Ruck. Ich wurde aus dem

Stand gerissen, der Zug war vorbei. (Alles gut, dachte ich, der zweite Haken hat gehalten.) In diesem Augenblick wurde ich neuerdings fast zwei Meter hochgerissen.

Erst als es schließlich ganz ruhig war, erkannte ich unsere gefährliche Lage. Claudio hing ungefähr zehn Meter unter mir. Der alte Standhaken war vom starken Zug nach oben herausgerissen worden. Auch der zweite Zwischenhaken war gegangen und wir hingen nun am alten Ringhaken und am Cassin-Haken, den ich zusätzlich am Stand geschlagen hatte. Trotz meiner im wahrsten Sinne des Wortes verstrickten Lage gelang es mir, das Seil zu fixieren. Als Claudio wieder bei mir war, merkte ich, daß meine Hände zum Teil verbrannt waren.

Wir seilten uns ab, gingen zur Hütte. Dort waren viele Gäste und wir schwiegen vorerst. Schließlich verließen alle die Hütte. Zurück blieben nur wir zwei und der Wirt. Jetzt erst erzählten wir ihm von unserem Vorfall. Keiner von uns beiden hatte ernsthafte Verletzungen, trotzdem aber wollten wir ins Tal absteigen, nicht mehr weiterklettern.

Beim Abstieg begegneten wir Gino Soldà. Auf einer Holzbank am Wegrand erzählte er uns von seiner großen Zeit. »Das extreme Klettern hat sich nicht im Glanz der Anerkennung entwickeln können«, klagte er, »damals war alles anders, als es euch heute scheint. Nur unter Schwierigkeiten, Rückschlägen und Demütigungen haben wir unsere Erstbegehungen gemacht.« Als ich ihm aber verriet, daß ich seine Route am Piz de Ciavàzes schon kannte, daß ich die am Langkofel gerne ginge, lächelte er doch. Ein halbes Jahr später schrieb ich an Claudio, daß sie mir im Alleingang gelungen war. Er studierte zu dieser Zeit in New York und seine Antwort klang traurig.

»Die Stadt ist so kalt« — und er meinte nicht nur den Frost — »das Schlimmste ist das Alleinsein unter so vielen Menschen. Ich denke oft an unsere gemeinsamen Klettertage .. da hatten wir so viel Sonne.«

Als ich am folgenden Wochenende im Klettergarten trainierte, war ich in guter Form: der Sommer lag vor mir und ich hatte viel zu erwarten. Freilich waren es vor allem die nahen Prüfungstermine, die meinen Übermut bezähmen halfen, aber auch meine Vorsicht. Jedenfalls übte ich Tag für Tag weiter, ehe ich mich zu einer Alleinbegehung in der Schiara entschloß.
Die Schiara-Gruppe im südlichsten Teil der Dolomiten ist besonders wild, tiefe bewaldete Schluchten führen vom Talkessel von Belluno und Cordevole hinauf zu den ungewöhnlich hellen Felsen, die da und dort mit Gras bewachsen sind. Kühne Klettersteige führen auf die wichtigsten Gipfel und überm Val di Piero, ganz versteckt, steht eine der größten unter den extrem schwierigen Dolomitenwänden: die Südwestwand des Burél. Im späten Herbst des vorhergegangenen Jahres war mir mit Konrad Renzler die zweite Begehung dieses Wandkonkavs gelungen. Beim Zustieg hatte ich damals in der Südwand eine Erstbegehungsmöglichkeit entdeckt, daheim aber stellte ich fest, daß Richard Goedecke sie bereits gemacht hatte. In der Zeitschrift »Alpinismus« fand ich eine Skizze, schnitt sie heraus und steckte sie am Morgen des 17. Mai in die Tasche, bevor ich Padua in meinem Kleinwagen verließ.

Wie schwer ist eigentlich schwierig?

1. Alleinbegehung der Burél-Südwand

Seit zwei Stunden schon fuhr ich in Richtung Belluno. Zum erstenmal in diesem Frühling hatte ich ein klares Ziel und einen Plan zur Verwirklichung dieses Ziels. Da der Plan bis ins letzte Detail durchdacht war, schien er mir gar nicht so kühn zu sein, und da ich überdies bestens vorbereitet war, mußte er gelingen. Zunächst, dachte ich, würde ich langsam zum Einstieg gehen, um dort nicht müde anzukommen.
So kam ich bis zur Hütte. Hier, im Gastraum, zog ich mich um. Außer den Wirtsleuten war niemand da. Um diese Jahreszeit trieben sich die Bergwanderer von Belluno in niedrigeren Tälern herum. Ich band mir ein Seil auf den Rücken und ein Hakenbündel an den Klettergürtel. Alles ging sehr schnell; ich hatte es schon oft getan. Nachdem ich eine Lampe, einen Anorak und eine Handvoll Dörrobst in meinen Taschen verstaut hatte, verließ ich die Hütte.
Ich spielte mit dem Steinschlaghelm, während ich den schmalen Steig zur Scharte hinaufstieg. Hier am Wandfuß der Burél-Südwand kannte ich mich nicht so gut aus. Kein Steinmann wies mir den Weg. Dies war ein Grund mehr für mich, die Wand genauer zu studieren: Ein grauer, fester Wandstreifen führte hinauf zu einer gelben, von waagrechten Dächern versperrten Felszone.
Langsam tänzelte ich über die ersten Steilstufen, allein, ohne Sicherung. Ich fürchtete nicht, abzustürzen, denn jede meiner Bewegungen war im voraus überlegt und ich kletterte wieder zurück, wenn ich sie nicht zu Ende führen konnte. Das kam allerdings selten vor.
Die Griffe waren rauh, vom Wasser ausgefressen. Ich spürte es an den Fingerspitzen. Der Fels aber war nicht so kompakt wie

in der Civetta zum Beispiel oder in den Zinnen. Ich könnte aber nicht sagen, wie mir das klar geworden war. Dafür begriff ich jetzt etwas anderes: Ich, und zwar ich allein, mußte auf alles genau aufpassen, mir durfte vor allem die Kraft nicht ausgehen, bevor ich über die Überhänge hinweg war.
Hundert Meter fiel die Wand jetzt senkrecht unter mir ab. Ich kletterte noch langsamer, kam bis unter die Schlüsselstelle rechts vom zweiten Dach. Diese Schlüsselstelle bestand aus einem griffarmen Überhang, darunter steckte ein Bohrhaken.

Ich massierte die Unterarme, denn ich erwartete eine Stelle des sechsten Grades; wenn nicht am Überhang, dann darüber. Wenn man da zu lange hängt, ist nichts mehr zu wollen. Nein, ein bißchen Fingerkraft ist mir immer geblieben, ein bißchen kann ich sogar mit Krämpfen noch klettern. Aber das verbraucht sich rasch, wenn man sich an einem Überhang befindet und nicht mehr zurück kann. Wer in eine solche Situation gerät, fliegt. Nicht gleich, aber bald. Er stürzt so plötzlich, daß er meist einen Schreckensschrei ausstößt und er stürzt so langsam, daß er sich von der Wand abstoßen und ihm das ganze Leben durch den Kopf gehen kann.
Das wußte ich nicht von mir selbst, nur von anderen, denn ich war als Seilerster noch nie gestürzt. Die Luft war angenehm warm und die Hände lagen gut am Fels. Ich dachte an die wolkenlosen Oktobertage des Vorjahres zurück, an denen wir in der Südwand beinahe verdurstet wären. Zwei Tage lang in der prallen Sonne und nur verdünnten Sanddornsaft zu trinken. Auch heute hatte ich nichts zu trinken, aber auch keinen Durst.

Eben unterm Überhang erwog ich noch einen Rückzug. Jetzt kletterte ich, dachte sonst an nichts mehr; war nur mehr da.
Während ich am Standplatz verschnaufte, beobachtete ich fallende Grashalme in der Sonnenbahn. Am Gipfel mußte es windig sein.
Ich zog das Seil hinter mir nach. Jetzt war die Kletterei leichter. Bis zu einem Band im obersten Wanddrittel wechselte ich die Richtung noch oft. Ich stieg nach links, ich stieg nach rechts, doch immer aufwärts. Manchmal legte sich die Wand zurück, so

daß ich glaubte, ich wäre bald am Gipfel, obwohl ich die Route vorher studiert hatte.
Zuweilen war ich mir über den Routenverlauf nicht sicher. Entweder gab es zwei gleich schwierige Möglichkeiten oder ich hatte mich verstiegen. Aber ich fand mich wieder zurecht. Das klingt vermutlich so, als wäre ich besonders geschickt, die Orientierung aber gehört zu den Instinkten eines erfahrenen Bergsteigers.

Ich bin kein Held. Ich war sehr vorsichtig, manchmal sogar übervorsichtig. Ich tue nur das, was ich kann, und sogar noch weniger als das. Die Route an der Burél-Südwand ist bestimmt nicht so schwierig gewesen, wie ich es erwartet hatte.
Plötzlich merkte ich, daß das Gelände undeutlich wurde. Nebel hüllte es ein. Ich war einfach geklettert, Zeit und Raum schienen nicht mehr zu bestehen. Aber der Nebel kam nicht aus der Tiefe, sondern aus der Luft. Ich erschrak und machte, daß ich weiterkam. Oben suchte ich sofort über die Gipfelschrofen den Abstieg. — Auch hier war es neblig.
Trotzdem sah ich, daß Schluchten, Rinnen, Täler jäh unter mir abbrachen. Jede Schlucht war gleich der anderen, jede Rinne gleich der anderen, und so war es auch mit den Tälern. Ich stieg durch eine Schlucht ab, sie war voll Schnee, führte aber zum Wandfuß. So rasch ich konnte, lief ich zur Hütte. Als ich zur Biwakschachtel kam, hatten sich die Nebel verflüchtigt.
Vor der Hütte, während ich den Rucksack aufnahm, kam der Wirt zu mir und klopfte mir auf die Schulter. Er fragte: »Ist die Südwand schwieriger als die Südwestwand?«
»Wie bitte?« und ich lachte.
Auch ich hatte den Fehler begangen, in der Wirklichkeit die Tour zu erwarten, von der im Hüttenbuch und in Zeitschriften die Rede war. Eine Route im sechsten Schwierigkeitsgrad. Ich verabschiedete mich, stolperte abwärts und fühlte nachdenkliche Blicke im Rücken, drehte mich aber nicht wieder um.

```
                TELEGRAMMA URGENTE
    1969 MAG 20  11  52  URGENT   6  35100  25.  OEAV +
```

51D INNSBCK A   1126 URGENT INNSBRUCK TEL 810 28 20 1105 =

HAETTEN DICH FUER UNSERE ANDENEXPEDITION BENOETIGT AUSRUESTUNG
VORHANDEN ABFLUG 25. MAI BITTE TELEGRAFIERE SOFORT ZURUECK =
OEAV WIEDMANN +

Dieses Telegramm aus Innsbruck brachte meine Studienpläne etwas durcheinander. Fünf Tage später nämlich saß ich im Flugzeug nach Rio de Janeiro. In der Zwischenzeit hatte ich mir den Paß besorgt, alle Impfungen machen lassen und fehlende Ausrüstung gekauft. Auf dem Weg nach Venedig war ich im Auto eingeschlafen und über die Straßenböschung gestürzt. Trotzdem kam ich rechtzeitig zum peruanischen Botschafter in die Lagunenstadt und mit seiner Unterschrift nach Lima.
Trotz meines vorangegangenen Konditionstrainings war ich für eine so große Expedition nicht genügend vorbereitet. Da ich erst so knapp vor der Abreise eingeladen worden war, konnte ich nichts mehr dafür tun, ich hätte höchstens verzichten können. Der Anmarsch aber und vor allem die Kletterei in sechstausend Meter Meereshöhe versetzten mich in eine Form, die ich vorher nicht gekannt hatte.
Mehr als einen Monat lang waren wir Tag für Tag zu Fuß unterwegs, zusammen mit Peter Habeler gelangen mir die Nord-Ostwand des Yerupaja Grande (6634 m) und die Südwestwand

des Yerupaja Chico (6121 m). Das Steigen in der sauerstoffarmen Luft, das Schleppen der Rucksäcke wirkten sich positiver auf meinen Körper aus als ein gezieltes Training. Ich merkte es vor allem während des Rückmarsches und legte damals jeden Tag einen Geländelauf ein, um meine gewonnene Kondition nicht zu verlieren. Dabei bemühte ich mich vor allem, auf den Zehenspitzen zu laufen, um die Waden zu stärken. Manchmal steigerte ich bei Steigungen das Tempo, so daß Lungen und Herz bis aufs äußerste angestrengt wurden.

In Lima wog ich noch 62 Kilo, zehn Kilo weniger als vor dem Aufbruch und mein Gesundheitszustand war blendend. Ich ahnte damals nicht, daß man mich in Italien tot glaubte.

Von Südamerika zurückgekehrt, blieb ich einige Tage daheim, um die Post zu erledigen und meine Ausrüstung in Ordnung zu bringen. Dabei verging kein Tag, an dem ich nicht am brüchigen Mauerquergang einer alten Säge kletterte, um meine Finger zu trainieren.

Die dünne Luft der Sechstausender und die Gewichtabnahme hatten mich so in Schwung gebracht, daß ich mehr Lust zum Klettern verspürte als je zuvor. Am nächsten Sonntag schon war ich am Sellajoch und kletterte dort an den Türmen herum. Zufällig traf ich dabei einige Studenten aus Padua, die einer Seilschaft an der Nordkante des zweiten Turms zusahen. Lange konnten sie nicht begreifen, daß wirklich ich es war, der sie begrüßte, obwohl wir Monate vorher noch zusammen studiert hatten. Auch sie hatten geglaubt, ich sei tot, wie sie mir später erzählten.

Es war am Sella-Joch, Mitte Juli, mittags.

Der Yerupaja Grande (6634 m) in den peruanischen Anden. Rechts die Nordostwand, nach deren Durchsteigung Reinhold Messner seine Erfolgsserie in den Alpen begann.

Die drei Sella-Türme in den Dolomiten. Die direkte Nordwand am zweiten Turm gehört zu den elegantesten Routen in diesem Gebiet, rechts die Nordkante.

Auferstehung gefeiert

»Sie sind verrückt«, hatte der alte Herr da eben gesagt. Wenige Minuten vorher war ich vom Tode auferstanden und nun sollte ich verrückt sein. Ganz einfach verrückt.
»Sowas habe ich noch nie gesehen«, redete er weiter und zeigte dabei auf meine gelbe, lange Cordhose, die, obwohl noch völlig neu, an den Knien abgewetzt war. Ich hatte sie eigens für unsere Andenexpedition gekauft, dort aber kaum angezogen, weil es im Basislager meist zu kühl für sie gewesen war.
»Ich bin viel in den Alpen herumgekommen, aber sowas, nein sowas, habe ich noch nicht gesehen. Sie sind verrückt!« Immer eindringlicher wurde der Alte. Bisher, das heißt im Laufe des Vormittags, hatte niemand an meinen gelben Hosen Anstoß genommen und ich hatte mich daran gewöhnt. In meinem Übermut ging ich sogar soweit, zu denken, daß die Langhosenmode in wenigen Jahren die sommerliche Dolomitenwelt erobert haben würde.
Der Alte drängte sich in unseren Kreis. Ich schätzte ihn auf sechzig Jahre, vielleicht mehr.
»Sie sind doch der Mann in der gelben Hose«, sagte er etwas vorwurfsvoll, da ich ihn vorher nicht beachtet hatte. Der Alte trug eine Bundhose nach konservativem Schnitt und Muster, einen Berghut und einen Rucksack, der auch einem jungen Bergsteiger alle Ehre gemacht hätte. Ich stand da in meiner ockergelben Hose, ohne Rucksack, ohne Seil, ohne alles, in einem Kreis von etwa zwanzig extremen Felsgehern. Allein die abgewetzten Kappen meiner Kletterschuhe, die gerade noch aus den Röhren herausschauten, ließen schließen, daß auch ich einer der ihren war. Ich schielte an mir hinunter und kam mir in diesem Augenblick selbst ein wenig lächerlich vor. Dabei hatte

meine Mutter die Hose eigens gewaschen, bevor ich sie erstmals zum Klettern anzog. Beim Rückmarsch aus dem Basislager hatte es geschneit und sie war schmutzig geworden. Nun war sie sauber. Nur die Knie waren heller, sie waren abgewetzt.
Die Studenten aus Padua verabschiedeten sich, versprachen mir die Zeitung zu schicken, in der es gestanden hatte und setzten sich in ihre Wagen. Unser Kreis schrumpfte zusammen. Alle wollten nun wissen, was es mit der Zeitung auf sich hatte. Nur der Alte hatte kein Ohr dafür.
»Sie waren ja vor zehn Minuten da oben an der Kante?«
»Hat das etwas mit der Zeitung zu tun?« fragte einer der Umstehenden.
»Nein, wegen der gelben Hose«, warf der Alte ein.
»Ich war an der Nordkante vom zweiten Turm«, sagte ich trocken.
»Ganz allein!«
»Allein!«
»Und ohne Seil!«
»Ohne Seil!«
»Mir lief es kalt über den Rücken«, sagte er aufgeregt und tippte dabei öfters mit dem Zeigefinger an sein Fernglas, das er um den Hals gehängt hatte. Er zeigte dann den anderen den Weg über die luftige Kante. »Ich konnte kaum mitkommen, so schnell ist er geklettert, einfach verrückt, sowas habe ich noch nie gesehen.« Kopfschüttelnd wie er gekommen war, ging er wieder. Ja, dort oben war ich heute auferstanden, vom Tode auferstanden, für diese Kletterer aus Padua wenigstens.

Heute früh war ich klettern gegangen. Als Eingehtour wählte ich den Jahnweg am dritten Sellaturm. Zeitig war ich aufgebrochen und weil ich so gerne unter meiner Nordwandführe am zweiten Turm vorbeigehe, nahm ich den Einstieg über die Schlucht und nicht den vom zweiten Turm her. Der Jahnweg gehörte zu meinen Lieblingstouren. Rasch war ich oben an der Traverse. Dort merkte ich, wie mich einige Seilschaften fixierten. Erst als ich näher kam, sah ich, daß es Freunde waren. Ein Gruß, ein Lächeln. Sie waren auf diese Begegnung nicht vorbereitet, deshalb stürmte ich weiter, hinauf und über den Normalweg

herab. Als ich unten im Kar an den Türmen entlangging, geschah es. Einige Kletterer standen dort an den Steinklötzen und sahen mich entgeistert an. Aus der Nordwand seilten zwei andere ab. Plötzlich blieb einer stehen, starrte herunter zu mir, als ob ich ein Spuk wäre. Als ich grüßte, gab er keine Antwort. Gianni Mazenga war es, der beste Kletterer aus Padua, wir waren früher gute Freunde gewesen, hatten zwei Winterbegehungen miteinander gemacht. Deshalb verstand ich sein Verhalten nicht. Auch die anderen standen da, ohne ein Wort zu sagen und sahen mich von unten bis oben an. Ich sah doch aus wie immer. Die Hose vielleicht und der Bart. Aber ich sah nicht anders aus. Und doch taten diese meine Freunde aus Padua ganz erschrocken, als ich daherkam. Lachend ging ich ihnen entgegen, schüttelte allen die Hand.
Dann erzählte ich ihnen von den Anden, aber nur langsam folgten sie meinen Besteigungen. Die Unterhaltung war schon aufgetaut und angeregt geworden, als plötzlich einer herausplatzte:
»Wir meinten, Du seist tot!«
Ich lachte. Dann erzählten sie, daß sich in Padua das Gerücht verbreitet hatte, irgend jemand will es in der Zeitung gelesen haben: Ein großes Unglück, zwei Tote und zwei schwere Erfrierungsfälle...
Gianni war inzwischen da. Auch er brauchte lange, bis er begriffen hatte, daß ich noch lebte. Die Unterhaltung hatte eine halbe Stunde gedauert. Daraufhin bat ich einen, mit mir in die Nordkante einzusteigen. Sie schauten sich gegenseitig an, fragend, no, mit einem Toten... zudem sei es zu spät, auch zu kalt.

Ich stieg allein ein; ich spürte den Fels in den Händen. Jeder Meter ist verschieden, einmal sind die Griffe groß und der Körper legt sich weit hinaus, dann sind es Risse, die Arme und Füße aufnehmen. Bald schien der Boden sich zu verflachen: die dichten Wälder unter mir, die Straße ein schwarzer Streifen und darauf die Autos wie Spielzeuge.
Im letzten Drittel war die Kante am steilsten. Weit lehnte ich mich hinaus. Ich fühlte mich ruhig, ausgeglichen.
Als ich wenig später auf der Paßstraße stand, merkte ich, daß

alle waren wie früher. Sie luden mich ein, in die Hütte zu kommen, um meine Auferstehung zu feiern ...

Ich habe in diesem Sommer nicht ausschließlich extrem schwierige Touren unternommen und noch weniger ging es mir um Rekorde. Immer vor einer ganz großen Bergfahrt kletterte ich einige klassische Routen und dabei kam ich oft auf meine Lieblingstouren zurück, die ich von anderen Begehungen her kannte. Gerade das seilfreie Klettern im dritten, vierten und fünften Schwierigkeitsgrad erlaubte mir einen Rhythmus, den das Klettern in der Seilschaft und das Klettern an meiner Leistungsgrenze ausschlossen. Auch konnte ich dabei mehr auf die Technik achten, jene Selbstverständlichkeit der Bewegungen finden, die das Klettern zum Genuß werden lassen. Immer, wenn ich im extremen Fels unbeholfen, ängstlich oder sogar klettermüde wurde, gaben mir einige leichtere Touren rasch die nötige Sicherheit zurück. Auch vermied ich es, im Frühling gleich im höchsten Schwierigkeitsbereich zu beginnen.
Jeder Sommer, wie auch dieser, begann für mich mit einer beschleunigten Wiederholung meiner Kletterentwicklung, ja der Entwicklung des Alpinismus überhaupt. Von der Wanderung über die leichten Klettertouren dauerte es meist ein oder zwei Monate bis zum sechsten Schwierigkeitsgrad. Ich konnte diese Anlaufzeit durch gezieltes Training verkürzen, hütete mich aber, sie zu überspringen.

In der steinernen Stadt

Günther, mein Bruder, und ich versuchten uns abwechselnd an einer etwa acht Meter hohen Felswand mitten in der »Steinernen Stadt« — das gehörte zu unserem unerläßlichen Fingertraining. Die Griffe waren mit Schweiß und Erde beschmiert und je öfter wir abrutschten, um so schwieriger wurden diese ersten Klettermeter. Für diesen Steinklotz hatten wir schon eine Stunde geopfert und nun wollten wir erst recht nicht aufgeben. Das Tal lag jetzt im Schatten und die Luft war so kühl wie der Fels. Das klare Licht der Mittagssonne ergoß sich auf die vielen Felsklötze, die »Steinerne Stadt« genannt, die links von der Paßstraße auf dem zum Langkofel hin aufsteigenden Berghang liegt.
Ich schüttelte meine Arme und gähnte träge. Auch mein Bruder richtete sich auf, streckte sich, gähnte ein wenig und lächelte mir zu. Am Vormittag hatte uns ein plötzlicher Wettersturz aus dem Südpfeiler des Innerkofler-Turms vertrieben, wir seilten ab und wanderten hierher.
Nun ließen wir das Training sein, nahmen unsere Pullover vom Boden auf und schlenderten den Steig zur Comici-Hütte hinüber. Wir hatten an den Steinklötzen geübt, nach Wänden und Rissen gesucht, die wir noch nicht kannten.
Da das Wetter am Nachmittag zu halten versprach, stiegen wir in die Langkofel-Nordkante ein, einer hinter dem anderen, jeder für sich, das Seil am Rücken. Obwohl auch Günther jetzt Tag für Tag trainierte und große Erstbegehungen vor Augen hatte, waren die großen Routen im mittleren Schwierigkeitsbereich seine liebsten geblieben. Da waren vor allem die klassischen Vierertouren in den Dolomiten... Die Fährmannverschneidung an der Guglia di Brenta, der Kienerriß an der Fünffingerspitze,

die Nordwand des Sass Pordoi, Schleierkante... Punta Fiames... An die hundert kannten wir und jede war da anders als die andere, und keine stand der anderen nach. Wenn wir uns besonders leicht und in Form fühlten, zogen wir Touren vor wie die von Micheluzzi am Piz de Ciavázes, Fiameskante... vielleicht sogar die Südostwand der Cima Scotoni, die Vinatzerführe an der Marmolata die Rocca, oder die Philipp-Verschneidung an der Punta Tissi.
Im Eis hing vieles von den Verhältnissen ab — der Suldengrat auf die Königsspitze hatte uns so begeistert, daß ich ihn zehn Tage später gleich wieder ging. Dann hatte ich genug... vereist, Matsch, gefährlich. Er hatte sich innerhalb weniger Tage stark verändert...

Les Courtes-Nordwand, sie hat kaum Gegenstücke in den Alpen... oder doch? Da ist noch das Wallis, das Berner Oberland... im Fels der Kaiser, die Berchtesgadener Alpen... lauter Traumtouren. Ich kannte im Verhältnis zur Vielzahl so wenige. Die Roggalkante, sagte man mir, sei besonders schön. Zu gerne wollte ich auch sie erleben.
So viele Touren, so viele Wünsche. Welches meine Lieblingstour ist, wollten andere oft wissen. Ich konnte mich auch nicht für zehn entscheiden. Denn hier war nichts so greifbar, daß ich sagen konnte: »Die ist es!«, oder: »So soll sie sein!« Ich konnte mich nicht festlegen. Zudem möchte ich in dieser Hinsicht frei sein von jedem Ein-für-alle-mal.
Ich hatte keine Vorstellung von d e r Lieblingstour schlechthin. Ich ließ mich vom Berg überraschen; so wie er mich bei der Erstbegehung der Nordwand des Zweiten Sella-Turms überrascht hat, oder an der neuen Südwandführe an der Marmolata oder an der Nordwand der Cima della Madonna. Eine Wand hat da die andere an Eleganz und Schönheit übertroffen, und trotzdem könnte ich keiner den Vorrang geben. Drei Erstbegehungen — und jede war als Ganzes genommen ein Maximum. Vielleicht klingt das überheblich, vielleicht legt mir mein Gedächtnis nur die schönen Seiten dieser Bergerlebnisse vor... es kann sein.
Günther ging die Langkofel-Nordkante damals zum vierten Mal. Er kannte sie ebensogut wie den Abstieg, so daß wir am

späten Nachmittag schon wieder in der Steinernen Stadt ungelöste Wandprobleme suchen konnten, — auch wenn sie nur einige Meter hoch waren.

Zu den Unterlagen, die das Bergsteigertreffen der ENSA in Chamonix betrafen, hatte ich vor meiner Abreise in die Anden eine Ansichtskarte und die Routenbeschreibung der Droites-Nordwand gelegt.
Ich hatte diese Wand vor, wußte aber noch nicht, wie ich den Plan verwirklichen sollte. Ich las:
»Diese Wand bietet die größte Unternehmung im Bereich des Argentière-Gletschers. Für eine kombinierte Fels- und Eiswand ist die Durchschnittsneigung von $59^1/2^0$ (auf 1000 m) ungewöhnlich steil, bei einer Wandhöhe von etwa 1080 m. Die Erstbegeher müssen der Anstiegsbeschreibung nach (mit Biwakplatzangaben) ungewöhnlich schlechte Verhältnisse angetroffen haben. Aber auch bei guten Bedingungen muß mit 1 oder 2 Wandbiwaks gerechnet werden. — Über die Schönheit der Südwestbegrenzung des Argentière-Gletschers, siehe Einleitung zur R 255.
Die eigentliche Nordwand der Droites ist begrenzt: östlich von dem, vom O-Gipfel (4000 m) hinunterziehenden Pfeiler — westlich von dem, vom W-Gipfel (3984 m) herunterreichenden Pfeiler. Beide Pfeiler, mit der dazwischenliegenden N-Wand sind auf der Vallot-Karte deutlich zu erkennen.
Von der Argentière-Hütte in südwestl. Richtung über den Argentière-Gletscher an den Wandfuß. Über mehrere Bergschründe an den Beginn der großen Firn- bzw. Eisflanke rechts der am tiefsten hinunterreichenden mittleren Felsplatte. Diese anfangs

60° geneigte Flanke legt sich bald zurück. In halber Wandhöhe waagrechte Querung nach rechts in Richtung auf die unteren Felsen eines Felssporns (1. Biwak). Zwei Seillängen diesen Sporn hinauf und wieder ins Eis in Höhe einer großen, links von der Nordwand und rechts vom Felssporn gebildeten Verschneidung. Im Eis 25 m sehr steil (70°) hinauf. Nach zehn, weniger steilen Metern (rechts) schwingt sich die Flanke noch steiler auf (2. Biwak am Fuß einer sehr breiten senkrechten Platte). Nun besser durch einen völlig vereisten Riß rechts dieser Platte, denn die Eisflanke nimmt an Steilheit nach oben zu und scheint auf einer Länge von 70 m völlig senkrecht zu sein.
Drei Seillängen an völlig vereistem Fels mit Hilfe spärlicher Risse hinauf (Schlüsselstelle, V und A 1) und über einen 8 m hohen Eiswulst (3. Biwak).
Nun über die sehr steile Flanke, bald im Eis, bald im Fels in Richtung auf den O-Gipfel (4. und 5. Biwak in dieser Flanke).«

Links die Nordostwand, rechts die Nordwand der Droites im Montblanc-Gebiet. Letztere galt damals als die schwierigste kombinierte Wand der Alpen.

Im unteren Teil der Droites-Nordwand herrscht extreme Eiskletterei vor, im letzten Drittel ist die Wand felsdurchsetzt. Fast alle Begeher in dieser Wand waren gestürzt, bevor sie Reinhold Messner im Alleingang bezwang.

Nur eine halbe Stunde Schlaf

1. Alleinbegehung der Droites-Nordwand

Vom 17. Juli an war ich zum internationalen Bergsteigertreffen der ENSA in Chamonix eingeladen. Ich überlegte nicht lange und fuhr hin. Vater und Mutter kamen mit. Sie wollten das schöne Wetter ausnützen und die Fahrt mit einem Besuch verbinden. Drei meiner Brüder nämlich führten den Sommer über die Alp Albin in der Schweiz. Dort verdienten sie sich das Taschengeld für die Schulmonate. Erich als Senn, Siegfried als Zusenn und Hubert als Hirte.
Die Fahrt über Mailand, Chivasso und Aosta war wie im Flug vergangen. Vater erzählte dabei von den Wochen, die er im Krieg dort erlebt hatte, beim Rückzug in Italien. Einige Dörfer kannte er noch, obwohl sich inzwischen vieles verändert hatte. Von Courmayeur aus sahen wir den Montblanc zum ersten Mal. Ein freundliches Licht lag auf den gewaltigen Firnhängen der Brenvaflanke und am Gipfel glaubte ich eine Schneefahne zu erkennen.
Während wir in der Kolonne durch den großen Berg nach Frankreich fuhren, mußte ich unentwegt an den Frêney-Pfeiler denken. Ich war in meinen Gedanken gerade oben am großen Dach, als der Tunnel aufhörte. Vor uns lag Chamonix, die Stadt der Bergsteiger.
Am Abend hörten wir in Chamonix den Wetterbericht. Er war gut und ich war ohne Partner. Noch einmal schlenderten wir durch die Stadt. Die Gipfelhänge des Montblanc wurden von den letzten Sonnenstrahlen gestreift. Über den düsteren Aiguilles de Chamonix nahm sich der leuchtende Gipfel freundlich aus. Aber ich konnte ihn, dessen zerrissene Gletscher bis ins Tal herunterkriechen, nicht ohne Schaudern betrachten.
An diesem Abend habe ich meine Vorliebe für die Droites-

Nordwand entdeckt. Ich erinnerte mich nicht, früher jemals an eine Alleinbegehung dieser Wand gedacht zu haben, jetzt aber, beim Sonnenuntergang, stand es plötzlich für mich fest: Ich sah in diesem Moment die dunkle Wand und den langen zerrissenen Gipfelgrat in der Sonne und hatte sofort Beziehung zu ihr. Ich wunderte mich, daß außer mir niemand auf die Idee gekommen war, sie alleine zu durchsteigen.

Ich mußte gehen, springen, laufen. Niemand sonst sprach von der Wand, alle gingen herum mit ihren alltäglichen Gesichtern: dem Feriengesicht, dem Bürogesicht, dem Werkstattgesicht. Sie rauchten ihre Zigarette oder schlürften ihren Kaffee vor der Bar. Ich mußte gehen und dabei wich ich jedem auf der Straße aus, aus Angst, er könnte mein Droites-Gesicht erkennen.

Am nächsten Morgen fuhren wir nach Argentière. Von dort stieg ich hinauf ins gleichnamige Becken. Die Eltern fuhren weiter, in die Schweiz, zu meinen Brüdern.

Es war inzwischen zehn Uhr geworden. Ich war schon oben auf dem flachen Gletscher, der unter der Aiguille Verte überquert werden mußte. Die Sonne brannte vom Himmel und der Schnee reflektierte die Hitze. Ein kleiner Wasserlauf sprang übermütig neben den schmutzigen Steigspuren her.

Der Mann, der vor mir ging, wischte sich immer häufiger mit dem Ärmel übers Gesicht. Dann blieb er stehen, kniete nieder und schlürfte gierig aus dem eisigen Bach.

Von der Wand herab hörte man dumpfes Krachen. Der Mann schaute auf, als habe ihn jemand gerufen und senkte dann seinen Mund wieder ins klare Wasser.

Einige Steinbrocken, die oben am Gipfelgrat ausgeschmolzen waren, stürzten die Droites-Nordwand herunter. Ich erschrak, als hätte es mich selbst erwischt. In wilden Sprüngen jagten die Brocken über das teilweise blanke Eisschild, kleine, helle Flecken hinterlassend.

»Um acht Uhr muß ich oben sein im senkrechten Wandteil«, dachte ich. »Sonst muß ich rechtzeitig umkehren.«

Im Argentière-Kessel war es wieder ruhig. Noch einmal tasteten meine Augen die Wand ab. Der unglaublich steile Bauch am Beginn war blank, im Kessel, einer Einbuchtung in der Wandmitte, zogen sich schmale Schneestreifen bis hinauf zu den ersten

Felsinseln. Darüber bäumte sich die Wand senkrecht auf, Neuschnee lag auf den Pfeilerköpfen und am Gipfelgrat fingen sich jetzt einige Sonnenstrahlen.

Eine halbe Stunde später zwängte ich mich in die überfüllte Hütte. Im Flur standen einige Bergführer.

Ich warf den Rucksack ab und ging in die Küche zu Michel. Er lachte über das ganze Gesicht, als ich ihm die Hand hinstreckte.

»Droites?« fragte er gleich, und dann: »Wo ist Dein Bruder?«

Ich schüttelte den Kopf: »Ich bin allein!«

Michel war der Sohn vom Hüttenwirt. Er war schon lange mein Freund. Im August 1965 hatten wir uns kennengelernt. Damals war er noch klein. Aber er war der einzige auf der Hütte, der deutsch sprach. Inzwischen war er Medizinstudent geworden, an seinem Wesen aber hatte sich nichts geändert.

Günther und ich hatten die Wand vier Jahre vorher versucht und nach zweihundert Metern aufgegeben.

»Ihr müßt wiederkommen!« hatte Michel beim Abschied gesagt, »wegen der Nordwand«, und dabei verschmitzt gelacht.

Jetzt war ich wieder da.

»Droites?« fragte mich Michel noch einmal. Ich nickte.

Er wurde nachdenklich.

»Solo?«

»Ja, ich will es versuchen.«

»Schwierig!«

»Ich weiß, ich will es nur versuchen.«

Michel lachte plötzlich und war jetzt begeistert von meinem ausgefallenen Plan.

»Nichts verraten!« bat ich ihn, und er möge am nächsten Tag ab und zu hinüberschauen in die Wand. Michel nahm das Fernglas. Später zeigte er mir das Lager, entschuldigte sich und verschwand wieder im Hüttenraum. Ich packte den Rucksack, stellte ihn auf die Decken und stieg hinunter.

Außer Michels Bruder kannte ich niemanden hier. Verstohlen holte ich die Hüttenbücher heraus, setzte mich an einen Tisch und blätterte darin.

Neben mir saß ein Bergführer und erzählte etwas. Alle, die jetzt gerade im Hüttenraum waren, hörten dem Führer zu. Ich konnte zwar kein Wort französisch, aber ich verstand, daß es um meine geplante Alleinbegehung ging. Ich stand auf, ließ die Bücher liegen und ohne mich nochmals umzusehen, schob ich mich durch die Hintertür hinaus ins Freie.

Draußen auf dem Geländer vor der Hütte saß Michel. Ich konnte ihm einfach nicht böse sein! Wortlos reichte er mir sein Fernglas. Ich nahm es und schaute hinüber in die Droites-Wand. Michels kleiner Bruder aber stellte sich vor das Glas und grinste. Eine Zeitlang boxte ich mich mit ihm herum, dann gingen wir ins Matratzenlager, um meine Ausrüstung nochmals zu überprüfen.

Michel brachte eine Feile und zu dritt gingen wir vor die Hütte, um meine Steigeisen zu feilen. Die Führer, die dort saßen, tauschten einen schnellen Blick. Mir war das nicht entgangen. Einer der Männer klopfte mir auf die Schulter. Dann gingen sie zum Abendessen.

Nur Michel blieb. Er setzte sich zu mir auf das Geländer vor der Hütte. — Jetzt beim Dunkelwerden beschlich mich ein Gefühl der Unsicherheit.

»Michel«, sagte ich, »Michel, ich werde morgen nicht einsteigen.« Als er daraufhin erstaunt tat, meinte ich nur, versuchen wollte ich es schon, aber ich hätte es mir anders überlegt.

An diesem Abend konnte ich nicht schlafen. Einige Male ging ich vom Hüttenraum ins Lager, dann wieder zurück in den Hüttenraum. Dort waren noch einige Gäste. Ich verkrümelte mich. Langsam wurde es still in der Hütte. Irgendwo wurde noch ein Fensterladen geschlossen. Ein Hüttenabend wie alle anderen, aber ich lag wach. Der Gedanke an diese Wand hatte mich aus dem Gleichgewicht gebracht.

Michel hatte versprochen, mich zu wecken.

»Ich werde die Verte-Nordwand machen«, sagte ich, »wecke mich mit den anderen!«

Ich lag unter den Decken und wollte schlafen. Ich konnte nicht. War es zu heiß, zu stickig oder war es die Droites-Nordwand, die mich daran hinderte? In der Hütte war es mäuschenstill. Ich schaute nach der Zeit, die vorher lang gewesen war, dann kurz schien und plötzlich vorbei war. Was ich im Halbschlaf dachte, war richtig. — War falsch. — War weder falsch noch richtig, wie alles, was man im Halbschlaf denkt.

Um ein Uhr nachts weckte Michel die ersten Kletterer. Dabei erschrak ich, obwohl ich nicht geschlafen hatte.

Zwei Uhr nachts. — Wieder gingen einige weg: Argentière, Verte, Triolet... vielleicht sogar Courtes. Michel leuchtete einmal neben mein Kissen. Ich schüttelte den Kopf.
Die Augen offen, mit der dicken Lodenhose unter der Decke, eine Kerze in der unteren Etage malte Schatten an die Wand. Ich überlegte nicht, grübelte nicht, ich lag nur da, der fremde Atem neben mir.
Minuten stummer Verstörung, Minuten ohne Entschluß, ohne Willen, ohne Ziel. So lag ich da und die Gedanken kreisten in meinem Kopf wie Irrlichter. Dies war alles höchst sonderbar.

Michel rüttelte an meiner Decke. Ich tat so, als hätte ich wieder verschlafen. Aber diesmal fand ich nicht mehr zurück in jene leere Gasse, die meine Gedanken auf und ab gegangen waren, stockend, losgetrennt von mir selbst.
Als alle Bergsteiger aufgebrochen waren, erhob ich mich. Ich zog mich an, nahm den Rucksack und schlüpfte hinaus in die Nacht...
Lichter, die sich der Triolet-Nordwand näherten, drei. Ein Führer zündete seine Laterne an. Im Osten kam schon leise der Morgen. Während ich den Hang zum Gletscherbecken hinunterstolperte, spielte ich wieder mit dem Gedanken Droites-Nordwand. Was ich dabei dachte? Wer weiß das schon. Ich war in Hochform, das Wetter war gut und auch sonst hatte ich keine Sorgen. In der Nacht war mir manchmal alles unsinnig erschienen. Aber die Zweifel hatten nur so lange gedauert wie der Halbschlaf. Keiner dieser Zweifel war mehr da, während ich zum Einstieg hinaufstapfte.
Bis zu den Knöcheln brach ich im Schnee ein. In der Verte-Nordwand waren die Lichter schon hoch oben. Sechs oder acht mochten es sein. Als ich unter der Randspalte stand, tagte es. Der senkrechte Abbruch war äußerst schwierig. Ganz links fand ich eine Verschneidung, über die ich das oben ansetzende Schneefeld erreichte. Darüber stieg ich dann schräg rechts aufwärts bis unter den ersten Aufschwung. Eine dünne Eisschicht nur

lag auf den Felsplatten, die sich über mir beängstigend steil aufbäumten.

Dreimal erst war diese Wand durchstiegen worden, zwei bis fünf Tage hatten die Begeher vor mir gebraucht. Über dem nächsten Aufschwung legte sich das Eisschild scheinbar wieder zurück. Wenn ich bis dorthin käme ...

Es bereitete mir jetzt Vergnügen, die Überlegungen nicht zu Ende zu denken, noch konnte ich absteigen.

Ich wußte aber, daß ich keine Zeit zu verlieren hatte. Um acht mußte ich die Gipfelfelsen erreichen oder aus der Wand sein. Dann nämlich setzte der Steinschlag ein. Auf den Zufall durfte ich mich nicht verlassen, nur auf die Berechnungen auf Grund der Beobachtungen vom Vortag und meine Kondition. Ich wußte, daß der Steinschlag in der Wand beginnen würde, wenn die Sonne die Gipfelfelsen trifft. Die beängstigend steile Rinne über mir war blank. Das Eis aber war relativ weich und die Rinne so tief, daß ich sie mit Verschneidungstechnik klettern konnte. Ich stieg ohne zu rasten, konzentrierte mich einmal auf die Frontalzacken der Steigeisen, die ich vorsichtig ins Eis stieß, einmal auf den Stichel in der linken Hand, für den ich mir die kleinen hellen Flecken im Eis suchte, dann auf den Pickel in der rechten Hand.

Auch im Eis kletterte ich nach dem Prinzip der drei Haltepunkte. Erst, wenn ich mit Pickel und Stichel guten Halt gefunden hatte, stieg ich drei Schritte. In dieser Steilheit hätte ich keine Stufen schlagen können, ohne Rhythmus und Gleichgewicht zu verlieren.

Wirklich, nach etwa hundert Metern lehnte sich die Wand zurück, ich konnte wieder richtig rasten. Dann kletterte ich weiter aufwärts, das eine Seil nachziehend, das andere am Rücken. Erst wenig unter den Felsen am Anfang des letzten Wanddrittels band ich es mir um. Keine zwei Stunden hatte ich von der Randspalte bis hierher gebraucht, auch hatte mich kein einziger fallender Stein bedroht.

Über kombiniertes Gelände kletterte ich nun schräg rechts aufwärts. Vor einem Überhang sicherte ich mich mit den verschieden langen Seilen. Der Fels war hier plattig, alle Risse mit Eis gefüllt. Einmal nur stieß ich auf einen Haken. Wolfgang Axt

und Werner Groß mußten ihn bei der zweiten Begehung der Wand steckengelassen haben.
Weiter oben dann hielt ich mich zu weit links, so daß ich die Axt-Variante verlor. Ich kletterte jeweils dort, wo es mir am leichtesten vorkam. Die Originalführung verlief weiter rechts und war mir bei dieser Vereisung als zu gefährlich erschienen.

Eine steile, kompakte Platte versperrte mir den Weg nach oben. Weiter links war es unmöglich, nach rechts hinaus zu brüchig. Ich hätte zurückklettern können zur Axt-Variante, wollte aber vorher noch den handbreiten Riß versuchen, der die Granitplatte durchzog. Da ich nur zwei genügend große Profilhaken dabeihatte, schlug ich jeweils einen ein, sicherte mich an ihm, kletterte soweit ich konnte, schlug oben den zweiten ein und seilte mich an ihm ab, um den unteren zu holen. Zwischen den Haken half ich mir mit großen Knotenschlingen weiter, wenn es notwendig war. Dazu hatte ich ein Stück von meinem längeren Seil abgeschnitten.
Diese Platte kostete mich viel Zeit und Aufmerksamkeit. Sie war mehr als eine Seillänge lang und extrem schwierig. Fünfmal stieg ich zurück und wieder auf, bis ich an den oberen Rand gelangte. Eine Rampe wies mir den Weg schräg rechts aufwärts in weniger steiles Gelände, zurück in die Originalführe. Der Pulverschnee aber, der hier auf dem Eis lag, verlangte nochmals äußerste Vorsicht. — Solange ich mich an einzelnen Felsinseln festhalten konnte und allein die Steigeisen im Eis griffen, fühlte ich mich sicher. Sobald ich aber auf einer verschneiten Eisplatte ohne Felsen stand, spürte ich die Müdigkeit an den Waden, den Schlaf, der mich plötzlich überfiel. Ich setzte mich auf einen Steinklotz, der wie eine Kanzel aus der steilen Eisfläche ragte, band mich an einem Haken darüber fest und schlief ein.

Als ich wieder erwachte, brauchte ich nicht erst wieder nachzudenken. Ich erschrak, als ich an meinen Seilen entlang in die Tiefe blickte. Ich war in der Droites-Nordwand, etwa neunhundert Meter überm Einstieg. Ich wollte nicht aufwachen. Ich schloß die Augen und versuchte zu dösen. Ich hatte das Gefühl, daß Einschlafen die wunderbarste Sache der Welt wäre, konnte aber nicht mehr schlafen. Am Gletscher gingen zwei Menschen. Die Sonne mußte jetzt genau im Süden stehen, weil der Schatten der Droites über sie fiel. Ich zog den rechten Handschuh aus und holte das Seil ein.

Wieder schätzte ich die Entfernungen ab und die Steilheit. »Eine Stunde bis zum Gipfel«, dachte ich und stand auf. Jetzt war ich völlig ausgeruht, querte ein Eisfeld schräg nach rechts aufwärts und verließ es dort, wo eine steile felsdurchsetzte Wand zu zwei Felstürmen im Gipfelgrat leitete. Von unten hatten die beiden dunklen Felsen ausgesehen wie Hörner. Die Steigeisen im Eis, die Hände am Fels, kletterte ich zwischen den Felsinseln auf das Tor zwischen den Hörnern zu. Ohne vorher noch einmal zu rasten, erreichte ich den höchsten Punkt.
Es war eine Stunde nach Mittag, der Himmel auch nach Süden hin wolkenlos. Über eine Rinne stieg ich ab und legte mir bereits von oben her eine weitgehend spaltenfreie Abstiegsroute zurecht. Trotzdem war dieser Abstieg auf Grund der Spalten und der Tatsache, daß ich allein war, der gefährlichste Teil der Tour. Der Schnee war naß wie eine dicke Suppe. Ich kroch, wenn ich eine Spalte unter mir vermutete.
Am Gletscherrand schnürte es mir plötzlich die Kehle zu. Ich wollte mich zusammennehmen und versuchte zu lachen. Dort drüben stand die Hütte! Ich dachte über irgendetwas nach, wußte aber selbst nicht worüber. An einer Quelle, etwa hundert Meter oberhalb vom Steig, legte ich mich ins Gras.
Abermals schnürte es mir den Kehlkopf zusammen. Wäre jemand von der Hütte herübergekommen, wäre ich ihm aus dem Weg gegangen. Ich hatte schon viele Jahre nicht mehr geweint. Ich schob mir den Rucksack als Kissen unter den Kopf. In mir war plötzlich ein Widerstand zusammengebrochen, ich hatte das Gefühl von etwas befreit zu werden. Ich dachte an nichts mehr. Ich spürte aber, wie die Tränen mich wieder in ein klares, neues Gleichgewicht brachten.

Eine so große Bergfahrt ist wie ein Leben für sich, ein anderes Leben. Ein Leben wie losgelöst von dieser Welt, diesen Problemen, diesen Sorgen, und nachher, kurz darauf, fügt sich das alte Leben wieder zusammen, ohne daß ich es will, als wäre nichts geschehen. Es ist auch nichts geschehen, es fehlt nur ein Stück.
Die Lebensenergien aus der Verbrennung im Körper, und der Widerstand, das sind die Schwierigkeiten, halten sich so lange das Gleichgewicht, bis ich wieder unten bin.
Eine Tour lebt für sich selbst, sie fängt irgendwo an und hört irgendwann auf. Sie ist wie eine Geschichte, von der ich manchmal nicht weiß, ob sie zu meinem Leben gehört.

Der Frêney-Pfeiler am Montblanc gehört auch zu diesen Touren, er ist der schwierigste Anstieg auf das Dach Europas. Bei einem Erstbegehungsversuch im Sommer 1961 sind dort vier ausgezeichnete Bergsteiger gestorben. Mehrere Tage haben sie in einem fürchterlichen Unwetter ausgehalten, unter der »Kerze«, die die Hauptschwierigkeiten bietet. Dann sind sie abgestiegen, von Wahnvorstellungen geplagt, mit Erfrierungen an Händen und Füßen, Walter Bonatti voraus, er grub eine tiefe Wühlspur in den Schnee, er führte die andere. Pierre Mazeaud unterstützte ihn. Vier von sieben sind gestorben: an Erschöpfung, wahnsinnig, vom Blitz entstellt...
Wenig später gelang die Durchsteigung. Wiederholungen folgten. Aber der Pfeiler blieb eine ernste Sache und man rechnete wenigstens mit zwei Tagen vom Biwak »La Fourche« bis zum Gipfel.

An einem Tag über den Frêney-Zentralpfeiler

In Chamonix wartete Erich Lackner auf mich. Er war von der Westwand der Petites Jorasses zurückgekommen und geladen mit Energie.
Erich ist großgewachsen und stämmig, er war vom Boxen zum Bergsteigen gekommen. Seine Arme und Hände verraten eine unheimliche Kraft. Von Natur aus ist er gutmütig und wird wohl deshalb mit dem Boxen aufgehört haben. Jetzt studiert er an der Universität Wien Mathematik und Physik. Er ist genau der Typ, der nach den Berichten in der ersten schweren Tour zu stürzen pflegt. Erich aber hatte schon hunderte von extremen Felsfahrten ohne den geringsten Zwischenfall hinter sich, bevor er zusammen mit mir zum Bergsteigertreffen nach Chamonix eingeladen worden war.
Einen Tag nach der Begehung der Droites-Nordwand stiegen wir zur Biwakschachtel »La Fourche« auf, mit dem Plan, den Frêney-Zentralpfeiler zu durchsteigen.
Am Abend noch studierten wir das Gletscherbecken, das sich unter der gewaltigen Brenvaflanke zur Nordostwand der Aiguille Blanche hinüberzieht. Trotzdem hatten wir in den ersten Morgenstunden Mühe, dort die Orientierung nicht zu verlieren. Gemeinsam mit uns waren zwei Partien aufgebrochen und in die Major-Route eingestiegen. Wir waren über Rinnen und Schneehänge abgestiegen und querten nun das flache Becken unter der Südflanke des Montblanc. Es war so dunkel, daß wir die einzelnen Rippen und Pfeiler an der Riesenflanke über uns nicht erkennen konnten. Die Lichter der Bergsteiger dort oben verwechselten wir öfters mit den Sternen. Beim Aufstieg durch das steile Eiscouloir in den Col de Peuterey gerieten wir in ein Gewirr von Spalten, aus dem wir erst herausfanden, als hinter

den Grandes Jorasses der Morgen heraufkam. Hintereinander hetzten wir dann, teilweise sichernd, aufwärts, überkletterten mehrere Spalten. Am Col de Peuterey war der Schnee hart, die Sonne fiel in die drei geschlossenen Frêney-Pfeiler und gab dem Granit einen freundlichen Anstrich. Die lange, bläuliche Randspalte, die sich in vielen Windungen am Wandfuß entlangzog, hatte nur zwei schwache Stellen. Wir peilten die linke an und durchquerten das dazwischenliegende Plateau, auf dem eine Spur zu erkennen war. Die Julisonne hatte an ihr genagt, so daß die Tritte, die der Nachtfrost mit Firnkörnern gefüllt hatte, kaum noch zu erkennen waren.

Minute für Minute wurde die Sonne stärker und verschleierte das rötliche Gesicht der Granitwand über uns. Die Luft, erst noch eisig und klar, wurde jetzt angenehm warm und flimmerte über den Felsen.

Da erscholl von den glatten, riesenhaften Felspfeilern über uns eine Stimme — zuerst waren es nur Wortfetzen, dann hörten wir Seilkommandos. Wir hatten die Köpfe weit zurückgelegt, konnten aber keine Seilschaft ausfindig machen. Am oberen Drittel des Zentralpfeilers, wo sich der Fels überhängend vorwölbt, war die Luft noch so durchsichtig, daß jeder Riß, jede Kanzel und jedes Dach zu erkennen waren.

»Im großen Dach hängt einer!« sagte Erich aufgeregt. Gleich darauf sah auch ich ihn. Etwa sechshundert Meter über uns baumelte er in der Luft, die Sprossen der Strickleiter blitzten immer wieder auf. Der winzige Mensch zuckte und zitterte wie von Krämpfen geschüttelt, pendelte plötzlich vom Dachrand zurück und hing wie ein Sack in der Luft. »Er ist gestürzt«, dachte ich. Lange Zeit mühte er sich nicht mehr, — dehnte sich dann, langsam zog er sich wieder auf, reckte sich, strampelte ein paarmal mit den Beinen und kletterte in zwei Sätzen auf die knapp darüberliegende Plattform aus. Mehr als eine Stunde hatte er für diese Schlüsselstelle in mehr als 4700 Metern Meereshöhe gebraucht. Die beiden, sie waren Bulgaren, ebenfalls Gäste der ENSA, waren am gleichen Tag in die Wand eingestiegen, an dem ich die Droites-Nordwand angegriffen hatte, wie sie uns noch am gleichen Abend in der Vallot-Hütte erzählten.

Es war jetzt sechs Uhr morgens. Die Einstiegsfelsen, von einer dünnen Eisglasur überzogen, lagen vor uns. Jetzt, als die Sonne in den Grund der ersten Verschneidung fiel, bröckelte manchmal ein Stück Eis ab, sprang über die Steilwand hinunter und verlor sich im Spalt zwischen Fels und Schnee. Wir waren an der hinteren Pfeilerwand eingestiegen, verfolgten die Verschneidungen und Risse so lange, bis uns eine gegliederte Wand eine Querung nach rechts erlaubte. An der Pfeilerkante kletterten wir, uns in der Führung abwechselnd, so lange gerade empor, bis mich ein Haken nach rechts in eine unheimlich glatte Wandflucht lockte. Bald kam ich weder zurück noch vor.

Mit Mühe nur konnte ich mich von einer kleinen Kanzel, auf der ich jetzt stand, abheben. Langsam an der Wand hochsteigend, setzte ich die Spitzen der schweren Doppelschuhe auf winzige Leisten, tauchte über einen Vorsprung empor und griff mit der rechten Hand nach einem runden, warzigen Felskopf. Zwei Meter fehlten noch bis zu weniger steilem Gelände. Eine Zeitlang hielt ich mich fest, suchte nach anderen Griffen. Ich verkrallte mich an schmalen Schlitzen, atmete kurz und bebend und konnte gerade noch zurückklettern, bevor es zu spät war. Lange Zeit stand ich auf der kleinen Kanzel, spürte die momentane Erschöpfung im Unterarm und wagte deshalb keinen zweiten Versuch. Zum Glück nahm die einzige Ritze unter mir einen Haken auf, so daß ich Erich nachsichern konnte. Er stieg nicht her bis zu mir, sondern blieb an der Pfeilerkante, über die er dieses extrem schwierige Wandstück bewältigte. Um die Mittagszeit mühten wir uns über einen völlig grifflosen Gratrücken unter der »Kerze«. Die Bulgaren waren inzwischen über die Hauptschwierigkeiten hinweg und auf dem Weg zum Gipfel. Selten nur noch konnten wir ihre Seilkommandos hören.

Jetzt aber erspähten wir in Rufweite links von uns, im Harlin-Pfeiler, eine jugoslawische Seilschaft. Wir kletterten in gleicher Höhe mit ihnen, wenn wir auch die Hauptschwierigkeiten noch vor uns hatten. Der Seilzweite, obwohl in einem Wasserfall stehend, unterhielt sich mit uns. Sie hatten die zweite Begehung dieser Wand bald hinter sich.

Erich führte die erste Seillänge an der »Kerze«. Kraftvoll hangelte er an einer abgesprengten Schuppe hinauf, belastete die Haken vorsichtig. Unter einem großen Überhang bezog er

Die Granitpfeiler an der Frêney-Seite des Montblanc. Der geschlossene, mittlere Pfeiler, Zentralpfeiler, gilt als der schwierigste Anstieg auf das Dach Europas.

Kletterei an der »Kerze« des Frêney-Zentralpfeilers. Die Seilschaft Lackner-Messner war die erste, die an diesem gefürchteten Pfeiler ohne Biwak durchkam.

Stand. Die Querung nach rechts hinaus unter das große Dach fiel an mich. Im Schlingenstand beobachtete ich ihn dann, wie er die Verschneidung zum großen Dach hinaufkletterte. Weit spreizte er die Beine auseinander, kroch von unten nach oben in den Spalt, der das Dach durchzieht, verklemmte sich drinnen mit den Armen, die Beine hingen zappelnd in der Luft.

Es war rundherum so still, daß ich jeden Laut hörte: seine Flüche, seinen Atem... Der Granit im Verschneidungsgrund war brüchig, gespalten, Runzeln zogen sich durch, vielfach unendlich zerteilt und verästelt. Ein Glück, daß die Haken hielten. Einige hundert Meter fielen die Felsbrocken frei durch die Luft, wenn Erich etwas ausbrach. Hart schlugen sie weit unten auf, zerspritzten in hundert Steinchen und rollten über Rinnen hinunter, bis sie sich auf schmutzig-weißen Lawinenkegeln verloren. Unter den fahlen Schneefeldern dehnten sich jetzt blaugrün die Wälder aus.

Der Himmel war immer noch wolkenlos, nach Süden hin wurde er heller und in den Tälern lag schwerer Dunst.

Wieder störten fallende Steine diese Minuten stiller Meditation.

Erich schob und wand sich durch den Spalt nach außen stoßend bis er am linken Dachrand zwei gute Griffe fand. Die anstrengendste Seillänge lag hinter ihm. Die nun folgenden bereiteten uns keine Sorgen mehr und genau beim Sonnenuntergang standen wir am Gipfel des Montblanc. Wie ein überdimensional großer Kegel fiel sein Schatten nach Osten. Die Nordhänge lagen in mildem Licht unter uns. Wir warfen Rucksäcke ab. Manchen Haken, der das mehrmalige Aus- und Einschlagen überstanden hatte, steckte ich in die Außentasche. Von den Reepschnüren waren nur einige übriggeblieben.

Die Ziele beim Bergsteigen liegen außerhalb des Bereiches des direkt materiellen Interesses oder der individuellen Befriedigung von Lebensnotwendigkeiten. Es hat seinen Sinn in sich selbst. In der Bewegung, der Abwechslung, im Auf und Nieder von Spannung, in der Verknüpfung von Schwierigkeit und Lösung gleicht besonders das Klettern einem Spiel. In überhöhtem Maßstab gilt das für eine Erstbegehung: sie ist im voraus abgesteckt, zeitlich begrenzt, örtlich begrenzt und nicht wiederholbar. Ein Spiel ist auch die geistige Schöpfung der Linie, ihr Ausdruckswert um so höher, je spielerischer sie geklettert wird.

Nur wenn ich besonders gut in Form war, wagte ich mich an ein ungelöstes Wandproblem, um es möglichst elegant und spielerisch lösen zu können. Ich halte nicht viel von Erstbegehungen, die in Etappen bewältigt werden, von Neutouren, die man in einem Sommer vorbereitet, um sie im Winter oder Sommer nachher leichter vollenden zu können. Wenn ich irgendwo nicht durchkam, seilte ich ab und nahm die Seile mit.

Auch verzichtete ich bei Erstbegehungen auf den Bohrhaken, auf einen Aufzug. Wenn ich ohne diese Mittel nicht weiterkam, war ich bereit zu verzichten, das Problem offen zu lassen...

Granit und Schnee

1. Begehung des »Berglandpfeilers« an den Droites

Er ist ein gewaltiger Pfeiler. Ich beobachtete ihn von jenem Augenblick an, als Michel mir sagte — nur so nebenbei, am späten Nachmittag —, daß er noch unbegangen war. Die Linie kam in Frage, auch die Schwierigkeiten. Eigenlich hatte ich vor, an den Aiguilles etwas zu machen oder an der Brenva-Flanke, aber unsere Kondition war jetzt gut, an die Granitkletterei hatten wir uns gewöhnt.
Da ich den Argentière-Kessel sehr gut kannte, war es ein Zufall, daß mir dieser Pfeiler entgangen war. Er liegt nur ein bißchen versteckt, sonst nicht abseits. Erich wies mit der Hand hinauf zum großen Turm in der Wandmitte — ein idealer Biwakplatz. Wir packten die Rucksäcke dreimal aus und wieder ein. Als wir am anderen Morgen am Einstieg standen, trugen wir nur noch das Allernotwendigste mit uns. Auf die Biwakausrüstung hatten wir nicht zu verzichten gewagt; Proviant für einige Tage hatten wir dabei, dazu Fels- und Eisausrüstung, zwei Seile; auch Karte und Kompaß hatten wir nicht vergessen.
Die Kletterei war von allem Anfang an schwierig. Von der Randspalte weg kletterte ich über eine glatte Platte aufwärts, bis sie völlig grifflos wurde. An einem kleinen Messerhaken pendelte ich einige Meter nach links und schob mich an feinen Unebenheiten noch einige Meter weiter. »Aufpassen!« rief ich vorsichtshalber, »ich finde keinen Griff!«
Behutsam, auf das Gleichgewicht achtend, tastete ich die Wand über mir nach Rauhigkeiten ab. Sie war nicht steil und schon der kleinste Spalt hätte mir weitergeholfen. Der grobkörnige Granit war teilweise mit dünnen Flechten überzogen, so daß ich beim Aufsetzen der Schuhsohlen doppelt vorsichtig sein mußte. Jetzt, wo ich keine Griffe hatte, durften sie nicht ab-

rutschen. Die Quarzkörner sprangen aus der rostbraunen Fläche vor, aber sie genügten nicht, um meinen Fingern so viel Halt zu geben, daß ich hätte einen Tritt wechseln können. Gleichbleibend steil baute sich der Pfeiler über mir auf. Weit oben war er von der Sonne beschienen.

»Ich hab's«, konnte ich noch rufen, dann hatte ich diese grifflose Platte überwunden — es war ein Spiel mit Gleichgewicht und Reibung.

Wir wechselten uns in der Führung ab. Nach den glatten Einstiegsseillängen kletterten wir über eine vereiste Rinne weiter, verließen diese nach rechts und turnten über die scharfe Pfeilerkante höher. Die Wand war hier ungewöhnlich steil, gleichzeitig aber stark gegliedert, so daß wir immer große Tritte und Griffe finden konnten.

Durch ein breites System von Verschneidungen erreichten wir den Pfeilerkopf in der Wandmitte, unseren vorgesehenen Biwakplatz. Wir biwakierten nicht, sondern querten nach links in eine glatte Rißreihe, über die wir wieder die Pfeilerkante erreichten. Oft sah das Gelände von unten ungangbar aus, aber irgendwie klappte es dann immer. Mehrere Türme überkletternd erreichten wir den Gipfel.

Wir waren gerade damit beschäftigt, die Ausrüstung in den Rucksäcken zu verstauen, als ein kleines Flugzeug ganz nahe an den Gipfel herankam und zwei Kreise über uns zog. Einige Bergführer von der ENSA waren gekommen, um zu sehen, wie es uns ging. Sie winkten uns zu und die Maschine verschwand wenig später hinter der Aiguille Verte.

Bis zum Wandfuß an der Südseite stiegen wir seilfrei ab. Oberhalb der Randspalte aber mußten wir nach rechts queren, weil sich so leicht keine Abseilmöglichkeit zeigte. Ich hatte die Seile am Rücken und stand wenige Meter oberhalb des Spaltenrandes, Erich vierzig Meter über mir am unteren Rand der Felsen. Der Schnee war durch die stundenlange Sonneneinstrahlung weich geworden.

Plötzlich, ich schaute gerade über die Oberlippe in die zehn Meter tiefer klaffende Spalte, erschrak ich durch starkes Rauschen. Erich hatte einen Schneerutsch losgetreten, der jetzt immer breiter wurde und direkt auf mich zukam. Ich hatte gerade noch

Die Civetta-Nordwestwand: an der Grenze zwischen Licht und Schatten verläuft die berühmt, berüchtigte Philipp-Verschneidung, eine der schwierigsten Alpenrouten.

Zeit, den Pickelstiel in den Schnee zu rammen, preßte ihn mit meinem ganzen Gewicht in den Boden, in der Hoffnung, nicht mitgerissen zu werden. Dann stieß ich, ganz unbewußt, einen Schreckensschrei aus. Mit unbezwingbarer Gewalt wurde ich über den Spaltenrand getragen und stürzte in den Abgrund.
Ich spürte noch, wie mir der nasse Schnee auf den Kopf fiel, dann nichts mehr.
Mehr als zehn Minuten brauchte ich, bis ich mich selbst befreit hatte. Ich war nicht verletzt, nur der Pickel fehlte und von oben hörte ich — ziemlich weit weg — Erichs Stimme.
»Bist Du verletzt? Fehlt Dir etwas?«
»Nur der Pickel«, sagte ich, nachdem ich aus der Spalte auf das darunter ansetzende Eisfeld geklettert war.

Wir waren zum Bergsteigen nach Chamonix gekommen und begnügten uns nach dem Droites-Pfeiler mit einem Rasttag. Der schwach ausgeprägte Helenen-Pfeiler an den Grandes Jorasses war unser nächstes Ziel. Wir kamen aber zu spät zum Einstieg und wurden an der Randspalte von einem furchtbaren Steinhagel überrascht. Die vorangegangene Nacht war zu warm gewesen, wir verzichteten deshalb auf diese geplante Erstbegehung und kehrten im Lauf des Tages nach Chamonix zurück.
Dort erfuhren wir vom Bergtod Jörg Lehnes. Er war am Fuße des Walkerpfeilers vom Steinschlag getroffen worden. Sein Partner, Karl Golikow, lag mit schweren Verletzungen im Krankenhaus. Erich und ich besuchten ihn.
Karl erzählte von Jörg. — Ich stellte ihn mir vor, während ich zuhörte.

»Ich habe ihn gekannt«, *sagte ich in einer Pause. Ich hatte ihn im stillen bewundert, aber das sagte ich jetzt nicht.*
»So war das«, sagte Karl, während er sich kaum merklich bewegte und dabei vor Schmerz stöhnte.
»Ja«, sagte er nochmals, »so war das!« Als ob er es selbst nicht begreifen könne. Ein Mißgeschick ist für den Betroffenen meist unbegreiflicher als für einen Dritten, es ist für ihn ein Erlebnis ohne Geschichte.
Als ich wegging, stellte ich mir vor, so hätte es uns an der Yerupaja-Wand ergehen können. Oder in der Droites-Wand. Eher unter der Yerupaja-Wand. So könnte es mir in jeder großen Wand ergehen... Ich dachte daran, wie viele es von den besten Bergsteigern in den vergangenen Jahren getroffen hatte: Louis Lachenal, Hermann Buhl, Jean Couzy, Toni Egger, Andrea Oggioni, Toni Kinshofer, Lionel Terray, John Harlin... Plötzlich ertappte ich mich bei einem makabren Gedankenspiel: Wieviele leben jetzt noch von den Erstbegehern der direkten Nordwand der Großen Zinne? Die Hälfte. Oder von den Nanga-Parbat-Bezwingern? Einer von vieren. Oder von den Erstbegehern der Eiger-Nordwand... oder von den zehn besten Bergsteigern der vergangenen zwanzig Jahre, drei oder vier... Ich weiß nicht, was die anderen Freunde dachten. Doch — warum sollten sie etwas anderes gedacht haben als ich? Mir kam mein Aufenthalt in Chamonix plötzlich ein wenig sinnlos vor. Gewiß, die Möglichkeit, daß ich selbst von einem Stein erschlagen werden könnte, hatte ich in Rechnung gestellt, aber diese Tatsache war jetzt doch ziemlich bedrückend.
Ich hatte ihn gekannt. Ganz flüchtig nur. Ich hatte davon geträumt, mit ihm einmal klettern zu können, und jetzt warf er mir meine Träume zurück.

Nur zwei Worte der Verständigung

1. Begehung der Domino-Nordwand

Michel ist Franzose; er spricht kein Deutsch, ich kein Französisch.
Wie in einem verbotenen Spiel wechselten wir uns zu je dreißig Minuten im Spuren ab. Keiner sprach ein Wort. Es war warm, der Schnee war weich. Aus den Wänden links und rechts von uns gingen ab und zu Lawinen nieder und zerrissen mit wildem Getose die Stille der Nacht. Überall lauerten Spalten. Es schien, als ob sogar die schmalen Moränenrücken am Gletscher mit ihren Tücken auf uns warteten. Ein Gletscherbach floß in geheimnisvoller Lautlosigkeit aus dem Eis in das unbekannte Dunkel.
Allein der helle Schimmer der steilen Eiswände der Triolet, der Courtes und des Domino durchdrangen die Finsternis und standen mit unbezwingbar scheinender Gewalt über dem sumpfigen Gletscher. Ich ging gerade als zweiter und versuchte mit hastigen Bewegungen den Pullover auszuziehen. Den Rucksack trug ich dabei in der Hand. Plötzlich blieb Michel stehen, drehte sich mit einem Ruck um und sagte mit seiner lustigen Stimme:
»Große Scheiße!«
Kaum hatte ich es verstanden, stapfte er weiter, einen Lawinenkegel hinauf zur Domino-Wand.
Am Nachmittag vorher hatte mich Michel Marchel zu einem Erstbegehungsversuch an der Domino-Nordwand überredet. Da es zu spät für den Hüttenaufstieg geworden war, hatte er einen seiner Freunde gebeten, uns im Hubschrauber auf die Argentière-Hütte zu fliegen.
Der Flug beeindruckte mich sehr; als wir an der Droites-Nordwand vorbeischwebten, bekam ich eine Gänsehaut, so steil ist sie. Im Argentière-Kessel — so sagt man — stehen die schönsten Eiswände der Alpen, vielleicht auch die schwierigsten. Eine steht

da neben der anderen: die Nordwand der Aiguille Verte, die der Droites, Courtes und Triolet... sie scheinen sich an Steilheit und Höhe gegenseitig überbieten zu wollen.
Verhältnismäßig niedrig und unscheinbar schließt sich links der Triolet die Domino-Nordwand an. Sie fällt nicht auf neben den anderen Flanken und vielleicht war sie allein deshalb noch unbezwungen geblieben.
Vom Hubschrauber aus erklärte mir Michel die geplante Route, so gut das in unserem Sprachenmischmasch möglich war. Er erzählte mir, daß sich einige Seilschaften schon an ihr versucht hatten, Franzosen vor allem. Wenig später landeten wir knapp unterhalb der Hütte.
Bis spät in die Nacht hinein blieben wir wach, um ein Uhr nachts brachen wir auf, unausgeschlafen, müde.

»Es ist zu warm«, sagte ich. Michel aber verstand es nicht, steckte die Handschuhe in die Hosentaschen und ließ den Pickel lässig am Handgelenk schlenkern. Er schien überhaupt nicht müde zu sein und war geladen mit Kraft und Übermut.
»Große Scheiße«, sagte er an der Randspalte.
»Es ist zu warm«, wandte ich mich an ihn. Doch Michel rührte sich nicht von der Stelle. Seine Augen suchten ruhig die Oberlippe der Randspalte ab. Wasser tropfte herunter und Eiszapfen klirrten.
»Unmöglich«, rief ich ihm zu. Da sprang ein Stein von oben in wilden Sätzen die Eiswand herab. Geistesgegenwärtig warfen wir uns unter die überdachte Spalte. Vorbei! Wir rappelten uns wieder auf.
»Große Scheiße!«
Sonst kam kein Wort über die Lippen des Franzosen. Nur in seinen Augen war ein mutiges, unruhiges Flackern.
»Es geht nicht«, wiederholte ich, meiner Stimme den Klang von Hoffnungslosigkeit gebend. Michel schaute mich nur freundlich an.
Entschlossen aufzugeben, warf ich den Rucksack in den Schnee und ging die Spalte ab. Michel folgte und auch über sein Gesicht legte sich ein Ausdruck von Unschlüssigkeit. Ich wußte, würde ich ihm jetzt alles erklären können, würde er sofort zu zweifeln

beginnen. Deshalb unterdrückte ich meinen Unmut und gab meiner Stimme einen aufmunternden Klang.
»Vielleicht geht es weiter rechts!«
Als er noch immer schwieg, gab ich ihm zu verstehen, daß es nur eine Möglichkeit gab: den überhängenden Eiskamin. Wir stapften zurück zu den Rucksäcken unter dem Kamin und ich zeigte hinauf.
Michel machte sich sofort an die Arbeit und bückte sich über seinen Rucksack. Er zog die Steigeisen, einige Haken, einen Beutel mit Dörrobst und einen rostigen Stichel hervor. Er band sich das Seil um, nahm den Rucksack wieder auf, spielte mit dem Pickel und wartete.
Ich gab ihm einen Wink anzufangen. Michel legte den Kopf zurück und sah sich den Kamin genau an.
»Große Scheiße!«
Ich bejahte und schaute ihm in die Augen. Doch er wandte sich von mir ab und heftete den Blick auf das nasse, überhängende Eis über uns. Er schwieg eine Weile, dann drehte er sich wieder um und schaute mir aufmunternd ins Gesicht. Er versuchte zu lachen, aber Beklemmung steckte ihm in der Brust und so schnitt sein Gesicht nur eine klägliche Grimasse, die sich im Zwielicht der Dämmerung sehr merkwürdig ausnahm.
»Ich will es versuchen«, sagte ich, da ich ahnte, daß er jetzt seine Hoffnungen aufgegeben hatte.
»Direkt?«
»Ja, das ist die einzige Möglichkeit!«
»Große Scheiße.«
Ich spreizte den Kamin vorsichtig hinauf und versuchte, die aufkommende Angst mit Selbstgesprächen niederzukämpfen. Michel stand unten, verstand kein Wort und sicherte.
Kein Haken hielt, so weich war das Eis.
»Bravo«, rief Michel, als ich oben am Spaltenrand war.
Ich drehte mich um, ging etwas zur Seite und winkte mit dem Pickel zu ihm hinunter.
Weiter oben hackte ich dann eine kleine Plattform ins Eis und brachte zwei Schrauben an, zusätzlich einen langen Eishaken.
Michel kam nach, reichte mir die Schlosserei, die er vorher aus dem Rucksack gezogen hatte und deutete an, daß ich weiter-

gehen sollte. Gerne hätte ich für die zweite Seillänge die Führung abgegeben und bot sie ihm an.
Er legte den Kopf zurück, um die Neigung der Wand abzuschätzen. Mit mehr als sechzig Grad bäumte sie sich vor uns auf, noch dazu blank. Als ich seine ernste Miene sah, trat ich ihm meinen Standplatz ab und stieg schräg rechts aufwärts. Die Frontalzacken der Steigeisen griffen gut.
Nach jeder Seillänge trafen wir zusammen und scherzten, mehr und mehr, je höher wir kamen. Weiter oben war das Eis besser, auch nicht mehr so steil. Heute vormittag noch würden wir am Gipfel sein.
Michel führte die erste Seillänge in den Felsen. Seine Bewegungen waren überlegt und exakt, es war angenehm, ihm zuzusehen. Als wir wenig später auf dem Gipfel standen, merkten wir, daß wir unsere Pässe in Chamonix gelassen hatten. »Große Scheiße!« Trotzdem stiegen wir über die italienische Seite in vielen Marschstunden nach Courmayeur ab und freuten uns diebisch, als uns die Grenzer ohne jeden Ausweis passieren ließen.
»Große Scheiße!« sagte Michel zum Dank.

Auf der Rückreise von Chamonix fuhren wir über Grindelwald. Das Wetter aber war so schlecht und die Eiger-Nordwand so verschneit, daß wir auf sie verzichteten.
In Villnöss dann trainierte ich täglich zwei Stunden, ich lief meine alten Trainingsstrecken und war dabei um einige Minuten schneller als nach der Andenexpedition. Auf Anhieb konnte ich jetzt den 80 Meter langen, extrem schwierigen Quergang an der »Zellen-Säge« dreimal hintereinander klettern, ohne zu rasten. In wenigen Trainingstagen brachte ich es auf vier Runden. Das

war mir früher nie gelungen. Ich fühlte mich nun in der richtigen Verfassung, um die Nordwestwand der Punta Tissi, die sogenannte Philipp-Verschneidung im Alleingang zu versuchen.

Als Gegenstück zur Droites-Wand, die wohl die schwierigste kombinierte Westalpen-Wand war, empfand ich in den Ostalpen die Philipp-Führe in der Civetta. Sie gehört zu den großzügigsten Freiklettereien der Alpen, führt durch einen tausend Meter hohen Wandabbruch und hat keine Auskneifmöglichkeit.
Der Erfolg an den Droites weckte in mir den Wunsch für die erste Alleinbegehung der Philipp-Verschneidung. Ich kannte die Route von einer früheren Begehung mit Heini Holzer her, wußte deshalb genau, wie ich mich auszurüsten hatte und wo die Hauptschwierigkeiten lagen.
Für die beiden kurzen technischen Stellen nahm ich Karabiner mit, um mich doppelt sichern zu können.
Für technische Alleinbegehungen habe ich nichts übrig. Ich habe deshalb für meine Alleingänge immer Routen gesucht, die fast ausschließlich in freier Kletterei zu bewältigen waren. Ich bin zu vorsichtig oder zu feige, um mich ohne Sicherung einer »Hakenrassel« anzuvertrauen und eine perfekte Sicherung bei einer Alleinbegehung im technischen Gelände ist so umständlich und zeitraubend, daß sie der Kletterei auch noch das letzte bißchen an Eleganz nimmt.
Bei Freiklettertouren hingegen geht allein alles schneller, rhythmischer, oft sogar leichter. Natürlich sind dafür eine besondere Kondition und ein Können Voraussetzung, die ein sicheres Steigen in der gegebenen Schwierigkeit gewährleisten. Im Grunde bin ich ein ängstlicher Bergsteiger und hätte weder den Mut noch die Frechheit, eine Alleinbegehung auf gut Glück zu wagen.

Die Bergsteigerwelt hielt es für schlichten Wahnsinn, als ich, um die Sache vollkommen zu machen, die Philipp-Flamm-Führe an der Civetta-Nordwestwand durchstiegen hatte, deren Begehungen damals noch gezählt waren. Man gab meinem Tun (ich hörte es aus ihren Reden) einen knappen Monat bestenfalls und ungewiß erschien den Kritikern dabei nur, wo ich abstürzen würde.

Die fixe Idee vom unbekannten Ziel

1. Alleinbegehung der Punta-Tissi-Nordwestwand

Livio, der Wirt, stand vor der Hütte, während ich mir das Seil auf den Rücken band.
»Werner«, sagte ich zu meinem kleinen Bruder, der am Abend vorher mit mir bis hierher, zur Tissi-Hütte, gekommen war: »Werner, gegen vier Uhr werde ich oben sein, um fünf Uhr kannst Du auf die Coldai-Hütte kommen.«
Dann bat ich Livio, ab und zu mit dem Glas in die Wand zu schauen. Was ich vorhätte, wollte er wissen.
»Diedro Philipp.«
»Solo?«
»Ja, allein.«
Livio sank auf die Bank zurück. Er brachte kein Wort mehr heraus.
Es war schon später Vormittag. Ich hatte keine Zeit mehr zu verlieren.
»Ciao«, sagte ich und lief den Hang hinunter, an einigen Zelten vorbei, Richtung Einstieg. Als ich mich noch einmal umwandte, um zu winken, saß der Hüttenwirt immer noch auf der Bank. Seine Augen hatten einen starren Ausdruck. Er hatte das Ganze noch nicht begriffen.
Im Kar unter der Wand sprang ich in unregelmäßigen Sätzen von Stein zu Stein, blieb ab und zu stehen und schaute hinauf in diese riesige Mauer. Nebel spielten in der Höhe des Schneedreiecks und Feuchtigkeit hing in den Rissen. Manchmal konnte ich die Stimmen der tschechischen Bergsteiger hören, die gegen sechs Uhr in die Wand eingestiegen waren.
Jetzt war es zehn Uhr. Ich war am vorhergehenden Abend in die Civetta-Gruppe gekommen in der Hoffnung, Vittorio Varale zu treffen, den Journalisten und Autor, mit dem ich an einem

Granitkletterei am »Berglandpfeiler« an der Droites-Nordostwand: die Beine weit gespreizt, so daß der Oberkörper genügend Spielraum hat . . .

Buchprojekt arbeitete. Varale aber war noch nicht auf der Tissi-Hütte eingetroffen. Die Wirtsleute nur saßen am offenen Feuer, zwei Holländerinnen in der Ecke gegenüber. Sonst war niemand da.

Allen Schauermärchen zum Trotz, die man über die Philipp-Verschneidung erzählte, war ich jedoch gekommen, diese Tour allein zu versuchen. Das Gespräch mit Varale war ein Vorwand gewesen, mit dem ich anderen meine Civetta-Fahrt begründet hatte. Obwohl die Solobegehung der Philipp-Route zu meiner fixen Idee geworden war, wollte ich den Plan verheimlichen — ich wollte nicht einmal mir selbst eingestehen, daß dies keine Fahrt ins Blaue gewesen war.

Die erste Seilschaft der Tschechen querte jetzt nach links in den Verschneidungsgrund. Aus der Froschperspektive wirkte die Wand nun weniger steil als am Morgen von der Tissi-Hütte aus. Nur die große gelbe Verschneidung, das mittlere Drittel der Wand, sah auch von hier aus unheimlich glatt und abweisend aus. Der Riß, der sich im Grunde der Verschneidung hinaufzieht, war zwar trocken, teilweise aber brüchig. Mir wurde beklommen zumute.

Rechts von mir hörte ich Wasserfälle rauschen, immer wieder schlugen einzelne Steinbrocken im Einstiegsschneefeld der Solleder-Führe ein. Die Route, die wir zwei Jahre vorher eröffnet hatten, verläuft zwischen der Solleder- und der Philipp-Führe. Jetzt, Anfang August, war sie trocken. Auch in den Gipfelschluchten schien das Eis ausgeschmolzen zu sein. Ich hätte also oben nicht mit Wasserfällen zu rechnen.

Die ersten Rinnen, über die ich jetzt schräg links aufwärts kletterte, waren von Steinschlag und Wasser glattgescheuert. Die geringe Steilheit aber erlaubte ein schnelles Steigen. Über der ersten senkrechten Seillänge überholte ich die zweite tschechische Seilschaft. Die erste war jetzt gerade an der Stelle, wo die Route eine scharfe Linksschleife macht. Hier bestand keine Möglichkeit, vorbeizuklettern, ohne die Vorausseilschaft zu stören und so wartete ich am Standplatz, bis auch der Seilzweite darüber hinweg war.

Die Wartezeit hatte ich benutzt, eines meiner Seile aufzumachen, so daß ich es jetzt wie eine lange Schlange hinter mir herzog.

Freundschaftlich ließen mich die Tschechen am nächsten Standplatz passieren. Als sich mein Seil wenig später an einem Felszacken verfing, bat ich sie, es zu lockern. Nun wurden sie langsam unwillig, einige unliebenswürdige Worte wurden zu mir heraufgeschickt, man empfahl mir, umzukehren.
Das Überholmanöver, das Durcheinander mit den Seilen, hatten mich aus der Ruhe gebracht. Ich handelte nicht mehr instinktmäßig, sondern hastig und gewollt schnell. Die Bewegungen und Schritte der anderen hatten mir mein Gleichgewicht genommen. Ich meine nicht das Gleichgewicht des Körpers — das war noch da. Vom seelischen Gleichgewicht spreche ich, ohne das ich nun nicht den richtigen Riß fand, sondern den daneben; an einer überhängenden Stelle hob ich den Fuß zu hoch und mußte wieder zurück. Ich hatte die Route verfehlt, versuchte es rechts, dann links. Erst als ich am Beginn der großen Verschneidung stand, die anderen aus meinem Blickfeld verschwunden waren, hatte ich mich wieder gefangen.
Es regnete jetzt, aber nur ganz leise. Deshalb stieg ich weiter. Ohne zu sichern hatte ich den Beginn des gelben Risses erreicht. Auf einer Leiste blieb ich stehen und schaute hinunter. Die anderen hatten mit dem Rückzug begonnen. Es regnete nun in großen Tropfen. Doch da die Wand über mir stark überhing, machte mir das nichts aus. Er wird schon nachlassen, dachte ich über den Regen und schob mich über die glatte Platte weiter, bis ich in den engen Spalt schlüpfen konnte. Der Dolomit an der linken Rißwand war so glatt und poliert, daß er spiegelte. Die regnerische Luft hatte ihn angefeuchtet, so daß die Schuhsohlen nur dann hielten, wenn ich sie auf kleine Leisten oder Simse stellen konnte. Den Rücken stemmte ich gegen die überhängende Wand. Öfters bröckelte Schotter vom kleinsplittrigen Fels hinter mir, auf Druck aber hielten die Griffe gut.
In der nächsten Seillänge, früher eine der Schlüsselstellen, steckte ein Bohrhaken. Es war schon der zweite, den ich in dieser eleganten Freiklettertour vorfand. Die Wiener Walter Philipp und Dieter Flamm hatten die erste Begehung 1957 mit sehr wenigen Haken und ohne Bohrer eröffnet. Bis 1966 konnten die Wiederholer auf Bohrhaken verzichten. Erst als die Route berühmt wurde und sich Leute an ihr versuchten, die den Schwie-

rigkeiten in keiner Weise gewachsen waren, wurde sie durch ein Zuviel an Haken und vor allem durch diesen zweiten Bohrhaken entwertet.

Für ein sauberes Bergsteigen im extremen Fels ist sehr viel sportlicher Geist Voraussetzung. Es ist nicht leicht, in der Wandmitte umzudrehen und für Leute ohne sportliches Gewissen gilt scheinbar die These: »Es ist viel schwieriger aufzugeben als weiterzuklettern.«

Für mich persönlich gilt das nicht. Wie oft habe ich auf ganz große Begehungen verzichtet, weil das Wetter schlecht war, weil ich nicht genügend trainiert hatte, weil die Tagesverfassung zu wünschen übrig ließ, weil ich eigentlich keine Lust hatte. Oft war ich auch zu feige für die Fortsetzung der Tour, ein anderes Mal zu müde, einmal hatte ich Angst vor dem Steinschlag.

Mir fiel das Aufgeben immer leichter: das gilt für einen Winterbegehungsversuch der Bonatti-Führe an der Matterhorn-Nordwand, für einen Alleinbegehungsversuch der Cima-Scotoni-Südostwand und einen Rückzug aus der Gipfelzone des Demavend. Unter dem Schuppendach, der nächsten Schlüsselstelle, war auch mir nach Rückzug zumute. Es kostete mich viel Überwindung, aus der Höhle bis unter den Überhang hinaufzuspreizen.

In zwei Stunden hätte ich mich von hier bis zum Einstieg abseilen können, wie es eine Seilschaft vor mir getan hatte, nachdem der Seilerste überm Dach von einem Stein getroffen und gestürzt war. Blut klebte am Fels, an zwei Haken hing von diesem Unfall noch ein Stück Seil. Ich sicherte mich, indem ich zwei Haken miteinander verband und das eine meiner Seile doppelt durchlaufen ließ. Mit einem Klemmknoten am Klettergürtel konnte ich mir selbst das Seil nachgeben und einen etwaigen Sturz so kurz wie möglich halten.

Natürlich hoffte ich, nicht zu stürzen. An die tausend unfallfreie Klettertouren gaben mir die Selbstsicherheit für einen so schwierigen Alleingang. Trotzdem war die Spannung groß. Unter der Schuppe querte ich auf kleinen Tritten nach links, löste, am linken Dachrand angelangt, die Selbstsicherung und kletterte im Riß weiter, bis mich starke Überhänge noch weiter nach links hinaus auf die Platten drängten. Den großen Quergang hinein in die Gipfelschlucht ging ich höher oben an als es die Routen-

beschreibung angibt. Obwohl der Fels hier regennaß war, kam er mir leicht vor. Drüben schlug ich zwei Standhaken, band mir das zweite Seil um und stieg die wenigen technischen Meter bis zur Schluchtmündung so, als ob ich in Seilschaft wäre. Abwechselnd liefen die Seile durch die Karabiner. Vor jedem neuen Schritt verschob ich die Klemmknoten an den Sicherungsseilen, so daß sich die freien Seilenden verkürzten. Vom obersten Haken seilte ich mich zurück an den Standplatz, zog die Reepschnur vom letzten Quergangsstück ab und stieg am fixen Seil wieder auf. Dabei nahm ich meine Karabiner mit. Auf diese Weise bewältigte ich jede technische Stelle.
Als ich das Seil abzog, beschlich mich ein schreckliches Gefühl von Ausgeliefertsein. Ein Rückzug wäre oberhalb des Quergangs äußerst problematisch, allein vielleicht sogar unmöglich gewesen. Jetzt gab es für mich nur noch den geraden Weg zum Gipfel.
Zwei Drittel der Wand, für die ich wenig mehr als drei Stunden gebraucht hatte, lagen unter mir. Vor mir bauten sich tiefe, nasse Schluchten auf, sie wirkten unfreundlich, abweisend.

Ich hatte den Regen unterschätzt. Ein Sturzbach rauschte in der Schlucht über mir, meine lange Cordhose war inzwischen so naß, daß sie mich beim Klettern behinderte.
Trotz der feuchten Luft war ich durstig. Das rasche Atmen und die Anstrengung hatten meinen Körper ausgetrocknet. Aus dem Grund der glatten Rinne schlürfte ich das braune Wasser, ich mußte aber dabei aufpassen, daß es mir nicht in den Hemdkragen rann. Schnell aß ich noch eine Fruchtschnitte, ich ahnte, was mich erwartete, ich wußte, daß ich jetzt lange nicht mehr essen können würde. Schwere Nebel hingen an allen Bergmassiven um mich her und vereinzelt entdeckte ich Flocken im Regen. Ich schaute hinunter. Für eine Umkehr war es ja viel zu spät. Fröstelnd machte ich mich wieder auf den Weg.
Nach etlichen leichten Stufen verließ ich die Schlucht nach rechts und stand unter dem Höhlenüberhang. Er gilt heute als die schwierigste Stelle der Tour und bei dem Gedanken, daß hier einige sehr gute Kletterer in den Jahren vorher gestürzt waren, wurde mir ganz heiß, als ob die Angst alle meine Sinne verschärft hätte.

Die Steilstufe über mir war unheimlich brüchig, der Haken an ihrem Anfang blieb mir in der Hand, als ich ihn anfaßte. Ich schlug ihn besser ein, verband ihn mit einem zweiten, den ich selbst eingetrieben hatte und sicherte mich an beiden. Die Kletterei war extrem schwierig, zudem konnte ich die Griffe nur nach unten belasten.
Über der Höhle querte ich nach rechts und erreichte eine schmale, glatte Rinne. Das Seil war zu Ende und als ich es ausziehen wollte, blieb es hängen. Verzweifelt zerrte ich mit der einen Hand an dem elastischen Strick, mit der anderen hielt ich mich an einer Schuppe fest. Es rührte sich nicht. Ich schwang das Seil, solange es meine ausgesetzte Standposition erlaubte, zerrte wieder, zerrte so lange, bis sich meine linke Hand verkrampfte. Das war gefährlich. Starke Finger waren für das nächste Stück der Route, die Gipfelschlucht, wichtiger als das Stück Perlonseil. Mit dem Hammer schlug ich es ab und hatte mich damit befreit. Ich konnte weiterklettern.
Jetzt hagelte es, stark und gleichmäßig, meine Kleider trieften. Ich war in die Gipfelschlucht zurückgequert, in einen schrecklichen Wasserfall. Ängstlich glitten meine Blicke im Dunkel des Schlundes aufwärts. Er war grau, naß, glitschig und voll Hagel. Plötzlich krachte es über mir. Ein Blitz hatte eingeschlagen. Ich legte mich an die Wand und die Steine pfiffen vorbei... Meine Bewegungen waren reflexhaft, ganz automatisch. Nur Instinkte retten uns in solch dramatischen Situationen, in vielen Jahren der Aktivität wiedergewonnene Instinkte. Stufe für Stufe kletterte ich im Wasserfall aufwärts.
Ausgeliefertsein bringt seine Schrecken mit sich. Es gibt viele solche Schluchten in den Dolomiten, aber nur eine ist für mich wie eine würgende Hand.

Ich wollte mir vor mir selbst nicht eingestehen, daß ich Angst hatte.
»Spreizen, weit spreizen«, sagte ich. Dann begann ich mit betonter Ruhe einen Haken zu schlagen. Das Wasser spritzte zwischen meinen Beinen hindurch.
Ich hatte gehofft, eine schützende Höhle zu finden, dachte öfters ans Biwakieren. Die Kälte aber zwang mich jeweils nach kurzer

Rast schon zur Bewegung, eine ganze Nacht hätte ich bei dieser Nässe und Kälte auch im Biwaksack nicht ausgehalten. Vorsichtshalber hatte ich mir auf der Hütte den Biwaksack unter dem Pullover festgebunden, holte ihn aber jetzt nicht heraus, weil ich im Unterbewußtsein immer noch hoffte, es würde aufhören zu regnen, bevor die Nacht kam.
Im Schluchtteil, in dem auch die Comici-Route verläuft, sicherte ich mich sorgfältig. Dabei mußte ich jeden Haken einzeln in die Hand nehmen, um zu sehen, daß er keinen Riß an der Öse hatte.
Die nasse Hose, das Hemd klebten am Körper, erschwerten die Bewegungen. Wenn ich beim Hakenschlagen länger im Wasser stehen mußte, begann ich jedesmal erbärmlich zu frieren.
Ich bin ein konservativer Kletterer und konnte mir deshalb mit den einfachsten Mitteln helfen. Weder Bohrhaken noch Daunenkleidung hätten mir jetzt etwas genützt. Zum Glück war ich in dieser Richtung nicht verwöhnt und hatte gelernt, auch in härtesten Situationen den Verstand nicht zu verlieren. In unserem technischen Zeitalter bedeutet Rückständigkeit oft Vorsprung und Sicherheit.
Unter den Klemmblöcken am obersten Querband wartete ich eine Zeitlang. Zum Glück kannte ich die Route, so daß ich sie jetzt trotz des dichten Nebels finden konnte. Auch das Schlupfloch im obersten Winkel dieser riesigen Höhle fand ich, kroch hinaus und stieg weiter.
Die Nebel waren gleichmäßig dicht und ließen kaum auf besseres Wetter hoffen. Einmal nur, in der Schlußverschneidung, als der Regen für kurze Zeit aufgehört hatte, sah ich die Tissi-Hütte.
Die Hose war jetzt so schwer, daß ich sie zu verlieren befürchtete. Ich zog sie aus, wand sie aus und band sie mir um den Bauch. Die Bewegungsfreiheit in den letzten Seillängen war so viel größer. Das eiskalte Wasser, das jetzt über meine nackten Beine rann, konnte mich nicht unterkühlen. Durch die kalten Duschen, die ich daheim Morgen für Morgen nehme, war ich abgehärtet. Während dieser Kletterei dachte ich immer häufiger an »extreme Ausdrücke« wie Überhang, Spreizen, Knotenschlinge... Manchmal hatte ich einen Gedanken, und die ent-

sprechende Ausdrucksweise fiel mir nicht ein, ich konnte den Gedanken nicht verwirklichen. Mein Instinkt und mein Körper arbeiteten automatisch, mein Verstand aber arbeitete langsam und oft sprach ich das, was ich dachte, halblaut vor mich hin. Ich wußte alles über gefährliche Situationen. Ich brauchte nicht dabei zu überlegen. Ich tat einfach das Richtige. Meine Augen sahen etwas, die Hände griffen nach etwas und mein Körper führte, auch ohne daß ich nachdachte, die richtigen Bewegungen aus. Hätte ich bei jedem Handgriff überlegen müssen, wäre ich wohl längst vom Wasser hinuntergespült worden.

Nur die kurze technische Seillänge knapp unterm Gipfel hielt mich so lange auf, daß ich vor Kälte zitterte. Als ich aber die letzten Meter in die flache Scharte zwischen der Punta Tissi und dem Civetta-Hauptgipfel hinaufhetzte, begann ich wieder zu dampfen. Während ich in meine triefende Hose schlüpfte, freute ich mich unmäßig, daß ich nun nicht biwakieren mußte. Ich hatte diese Freude gleichsam aus dieser nassen Gipfelschlucht heraufgeholt.

Am Einstieg der »Via ferrata degli Alleghesi«, über die ich abgestiegen war, erwartete mich ein mir unbekannter Mann mit einer Thermosflasche voll Tee und auf der Coldai-Hütte baten mich die Wirtsleute, auf die Journalisten zu warten, die am selben Abend noch für ein Interview auf die Hütte kommen wollten.

Ich hatte keine Lust zu warten und stieg mit Werner ab. Was hätte ich auf ihre Fragen schon erzählen sollen? Etwa, wie ich in den Wasserfällen die Hakenritzen suchte und mich bemühte, das hängengebliebene Seil loszureißen? Oder wie mir der unbekannte Mann die Flasche reichte, die er eigens für mich hatte füllen lassen und die er drei Stunden lang zum Einstieg getragen hatte. Einfach nur so.

Das wäre für die Allgemeinheit vielleicht das einzig Bemerkenswerte an jenem 2. August 1969 gewesen.

Mein Training bestand zu dieser Zeit hauptsächlich aus zwei Teilen: Erstens betrieb ich ein allgemeines Konditionstraining, zweitens ein spezielles Training für die Fingerkraft. Im Laufe der Jahre hatten wir an der alten Säge eine Querungsmöglichkeit ausfindig gemacht, einen Rundgang, den man so lange wiederholte, bis die Finger starr wurden, aufgingen und man herunterfiel. Das machte nichts, weil die Tritte durchschnittlich nur 20 Zentimeter über dem Boden lagen. Eine Runde war an die 80 Meter lang und die Querung galt für mich immer nur so lange, bis ich aus Müdigkeit »abstürzte«.

Einmal, knapp vor der Alleinbegehung der Südwand der Marmolata di Rocca, gelangen mir sechs Runden ohne Sturz. Das waren an die 480 Klettermeter und nur wenn man bedenkt, daß die Querung immer an kleinen Tritten und Griffen verlief, kann man die damit verbundene Anstrengung begreifen. Zugegeben, ich kannte jeden Griff, alle Tritte, jede Bewegung war mir geläufig — trotzdem waren die schwierigsten Meter nach vierzig Minuten Höchstanstrengung oft eine Qual.

In dieser Querung an der »Zellensäge« hatte ich auch gelernt, trotz Krämpfen im Unterarm weiterzuklettern. Nachdem ich mich nämlich während der Erstbegehung der direkten Nordwand der Cima della Madonna verstiegen und beim Zurückklettern einen Krampf bekommen hatte, trainierte ich die Fähigkeit, auch im Zustand der Verkrampfung nicht loslassen zu müssen. Das setzt einen starken Willen, vor allem aber das Wissen voraus, daß es geht.

Dieses Training kostete mich nicht übermäßig viel Zeit und ich bin davon überzeugt, daß es, über Jahre hinaus konsequent durchgeführt, zu weit höheren Leistungen befähigt.

Das extreme Klettern ist vielleicht eine der wenigen Leistungssportarten, die noch nicht auf die Spitze getrieben sind, die noch ganz neue Maßstäbe offenlassen.

Ein seltsames Gesicht

1. Alleingang an der direkten Langkofel-Nordkante

Allein saß ich nun am Gipfel; am unverkennbaren Gipfel vom Langkofel ...
Lang konnte es noch nicht her sein, seit die letzten vor mir dort gesessen hatten. Papier lag herum, viele Knäuel Papier, Reste von Brot, aus einer Flasche stank schmutziges Wasser, ferner sah ich einige Käserinden; Orangenschalen leuchteten zwischen den Steinklötzen, gekrümmt von der Sonne, etwas weiter unten lag eine Bierdose ... es roch nach Urin.
Ich weiß nicht, warum ich nicht aufgeräumt habe — ich war müde und ging bald weiter, den Gipfelgrat entlang. Da es nebelig war und schon gegen Abend, hatte ich den Anorak übergestreift, um mich nicht zu erkälten. Ohne zu rasten, war ich mehrere Stunden lang geklettert, einmal nur war ich stehengeblieben, um einen Haken zu schlagen. Immer, wenn die Sonne jetzt eine schwache Stelle im Nebel fand, kam sie gedämpft, aber für die Augen unheimlich grell bis zu mir durch. Ich kehrte ihr das Gesicht zu, kniff die Augen zusammen und blieb stehen, um es zu wärmen.
Als ich mich umwandte, um wieder weiterzugehen, sah ich — im ersten Moment konnte ich es gar nicht fassen — ein Gesicht. In der Nebelwand links von mir bewegte sich ganz deutlich ein großer Kopf, von hellen, leuchtenden Ringen umgeben.
Ich stutzte flüchtig, dachte mir vorerst nichts und kletterte weiter ab. Doch auch das Gesicht ging, jetzt zu meinem unheimlichen Erstaunen und Entsetzen, zu meiner Linken mit. Wie die Fratze einer Marionette, die dem Spieler entglitten war, blieb es regungslos stehen, wenn ich stehenblieb, steif und teilnahmslos. Nach diesem scheinbaren Tod lebte es wieder auf, wenn ich mich drehte, ging oder setzte.

Wie gehetzt lief ich jetzt, von diesem magischen Gesicht verfolgt, über den zerrissenen Felsgrat. Nie hatte ich es eiliger gehabt, die Abstiegsroute zu finden.

Eben noch hatten mich die engen Kletterstiefel gedrückt, die feuchte, neblige Luft hatte mich beengt, die zerschundenen Finger geschmerzt. Weit mehr als tausend Meter lang war die Kante gewesen, über die ich in knappen drei Stunden den Gipfel erreichte. Links von der Fallinie der gelben »Nase« stieg ich gegen zwei Uhr ein, nachdem ich den Vormittag damit verloren hatte, den richtigen Einstieg der Soldà-Führe zu suchen. Anfangs, in dem riesigen grauen Plattenschuß, kam ich mir oft ziemlich verloren vor und erst nach dreihundert Metern querte ich, an einem Haken gesichert, unmittelbar über die »Nase« nach rechts hinaus an die Pfeilerkante. Von dort kletterte ich gerade weiter bis zur »Pichlwarte« und hatte am späten Nachmittag über die Kamine, Risse und Wandstufen des Originalausstieges die schrofige Gipfelabdachung erreicht.

Keinen Augenblick lang hatte ich Angst verspürt, war so konzentriert gewesen, daß ich die weitere Umgebung nicht gesehen hatte.

Am Gipfel spielte ich mit dem Zweifel, ob diese Route nun neu war oder ob es sich um eine alte Führe handelte. In der Tat, sie war frei kletterbar gewesen und obwohl kein einziger Haken steckte, hätte sie auch Paul Preuß schon durchsteigen können.

Jetzt lief ich förmlich auf federnden Füßen über den Grat, zum Normalweg hinüber, fühlte im Rücken lauter Gespenster, wurde verfolgt und getrieben von jenem Gesicht, von all den hellen Flecken, vom Spiel der den Nebel durchdringenden Sonnenstrahlen, vom Geruch der regennassen Felsen, vom Wind...

Eine tiefe Schlucht gebot mir Einhalt. Vorsichtig schielte ich abermals nach links zur Nebelwand.

Und nun erkannte ich plötzlich, einen Augenblick verschnaufend, im Widerschein der letzen rötlichen Sonnenstrahlen, in diesem seltsamen Gesicht mein eigenes Profil.

Manchmal stellte ich mir vor, daß dieser Sommer auch hätte anders verlaufen können, von allem Anfang an anders. Und manchmal fragte ich mich, warum ich mein Leben nicht umstelle, wenigstens für die Zukunft. Es stand nirgends geschrieben, daß das Leben, das ich führte, das meine war oder daß das meine so sein mußte, wie ich es führte.
Bergsteigen war nicht das »gewöhnliche« oder das »eigentliche« Leben für mich, es war vielmehr ein Heraustreten aus ihm, eine zeitweilige Aktivität, die mich voll und ganz beanspruchte. Ich empfand es weder als sittliche Pflicht noch als physische Notwendigkeit, trotzdem hätte ich es nicht einfach lassen können.
Eine tolle, noch so verrückte Bergtour konnte mich in anderer Hinsicht anspruchslos machen, begeistern, fröhlich stimmen.

Bergsteigen liegt außerhalb der moralischen Funktion, außerhalb von Weisheit und Torheit, von Gut und Böse.

Im Rhythmus und der Harmonie einer Kletterei findet der menschliche Körper eine hohe Ausdrucksmöglichkeit, einen Beweis seines Daseins.
Bergsteigen ist an keine Kultur und Weltanschauung gebunden, an keine speziellen physischen Voraussetzungen, nicht an finanziellen Überfluß; man muß nur damit angefangen haben.
Jetzt studierte ich wieder, einige Stunden am Tag, besuchte Ausstellungen, kaufte Bücher für das Geld, mit dem ich zum Mont Blanc hätte fahren können.
Bevor ich einige Tage zum Klettern fuhr, fragte ich mich jetzt öfters, ob es nicht besser wäre, für die nächste Prüfung zu lernen. Ältere Freunde bestärkten mich in meinen Zweifeln mit dem Hinweis: »Wenn Du jetzt fleißig bist, hast Du später mehr Zeit«. Um dieser Behauptung Beweiskraft zu verleihen, pflegten

sie nicht ungern auf ihr Einkommen hinzuweisen und auf die vielen Aufträge, die sie auszuführen hatten.
Den Widerspruch verstand ich zwar, lernte aber trotzdem und nur, wenn ich wieder irgendwo unterwegs war, verloren sich die Infinitesimalen aus meinem Hirn.

Verzicht auf den Franzosenpfeiler

Als die ersten Regentropfen an die Scheibe schlugen, hielt ich den Wagen an. Ich hatte den Paß vor Madonna di Campiglio erreicht, mußte also in wenigen Minuten am Ausgangspunkt für meine geplante Brenta-Tour sein.
Der Rucksack lag fertig gepackt im Auto und während ich es abschloß, konnte ich beobachten, wie der Nebel von Westen her ins Tal kroch.
In vielen Windungen führte der Weg bergauf. Ich ging meist eine Abkürzung zwischen den Kehren. Nach einer Stunde wurde es flach, später ging es abwärts. Ich lief. Es war schon Vormittag und der Pfeiler ist tausend Meter hoch. Biwakieren wollte ich nicht.
Ich stieg gerade die letzte Steigung zur Brentei-Hütte hinauf, da begann der Nieselregen, der den Steinen im Kar eine müde Farbe verlieh. Mein Hemd war feuchtnaß, vom Schweiß und vom Regen. Ich war allein, ohne Mütze und den Anorak hatte ich im Rucksack. Seit ich daheim für diese Bergtour aufgebrochen war, waren fast fünf Stunden vergangen. Mich beflügelte ein Gefühl von Kraft in den Beinen und der lang gehegte Wunsch, den Franzosenpfeiler zu durchsteigen, kam mir auch jetzt nicht vermessen vor.
So marschierte ich, die Augen an der Wand und dann wieder am Boden, aufwärts, ab und zu mit ein paar kräftigen Sätzen die Kurven schneidend.
Als nun dunkle, schwere Gewitterwolken um die Nordkante des Crozzon di Brenta zogen, griff ich weiter aus und eilte das letzte Stück hinüber zur Hütte. Zufrieden, es doch noch vor dem Regenschauer geschafft zu haben, warf ich den Rucksack ab, zog das Fernglas heraus und studierte die Route.

Ich war das letzte Stück allzu eilig gelaufen und noch zu sehr außer Atem, um feinste Einzelheiten erkennen zu können. Zudem war ich bestürzt über den plötzlichen Schnee in der Wand. So schnell der Entschluß zu diesem Alleingang gereift war, so schnell gab ich ihn wieder auf.
Ich fühlte, daß es besser wäre, wieder hinunter zu gehen, und nicht erst hier günstigeres Wetter für einen Versuch abzuwarten.

Die Lebenskraft im Menschen ist nicht nur von bewußtem Lebenswillen abhängig, sondern auch als unbewußter Lebensinstinkt tätig. Dieser Selbsterhaltungstrieb ist so groß, daß er in Augenblicken der Gefahr auch aus dem sanftesten Menschen ein wildes Tier macht, daß er bestimmte Ahnungen vorausschickt. Den Selbsterhaltungstrieb zu bekämpfen und gegen diesen zu handeln, ist besonders am Berg töricht. Oft ist das, was andere Glück nennen, nichts anderes als das Abwenden eines geahnten Unglücks.
Dieser Lebensinstinkt gehört ebenso zum erfahrenen Bergsteiger wie sein Können. Es gibt nämlich am Berg keine absolute Sicherheit, kein Patentrezept gegen objektive Gefahren und keine Sicherungswissenschaft. Man muß seinen Körper durch die Wand leiten — in jedem Augenblick etwas tun, damit die größtmögliche Sicherheit gewährleistet ist.

Beim Abstieg riß es auf, die Nebel verzogen sich, bald schon schien die Sonne. An der Abzweigung unten wählte ich deshalb den rechten Steig, wanderte zur Tuckett-Hütte hinüber und kletterte dann über die Kiene-Führe auf den Casteletto Inferiore. Auf dem Gipfel, rechts vom Steinmann, traf ich mit einer Seilschaft zusammen, die ich am Morgen beim Auto gesehen und deren freundliche Art mir gefallen hatte. Ich grüßte und wollte vorübergehen. Sie erkannten mich aber und baten mich, mit ihnen abzusteigen, weil sie sonst biwakieren müßten.
In der Hütte, bei einem Glas Wein, verrieten sie dann, daß sie sich mich ganz anders vorgestellt hatten: einen hünenhaften, mutigen Mann mit braunem Gesicht, der keinen Alkohol trinkt. Sie waren nicht die ersten, die mir das sagten.
»Im großen und ganzen«, meinte einer der beiden, während

der Wirt wieder einen Liter Glühwein auf unseren Tisch stellte, »im großen und ganzen war das ein großes Erlebnis heute.«
»Ja«, sagte ich und schaute zum Fenster.
Wild peitschte der Wind jetzt den Regen gegen die Scheiben.
»Wäre das Wetter am Morgen gut gewesen, so säßen wir jetzt vielleicht alle drei im Biwak«, dachte ich.

Damals schon stand ich wirtschaftlich auf eigenen Füßen. Das Studienstipendium reichte gerade für die neun Schulmonate, für die Bücher; da ich mir aber ein kleines Auto hielt und viel unterwegs war, mußte ich den Sommer über arbeiten. Ich führte, hielt zwischendurch Vorträge und brach nur dann zu einer großen Tour auf, wenn ich wieder ein paar Lire übrig hatte.
Das Führen machte mir Spaß, so weit meine Gäste den Schwierigkeiten überlegen waren; besondere Freude hatte ich meist an den Jugendlichen, die in ihrer Gewandtheit und Natürlichkeit das Klettern unheimlich schnell lernten.
Hatte ich aber einen Gast am Seil, der der Tour, für die er mich engagiert hatte, nicht gewachsen war, so übertrug sich seine Ungeschicklichkeit oft nach wenigen Seillängen auf mich. Mußte ich vom Standplatz mit ansehen, wie er lose Blöcke als Griffe benützte, mit Knien und Ellbogen kletterte, so verlor ich den Rhythmus und jene Sicherheit, die jede Bewegung selbstverständlich werden läßt.
Ein Alleingang brachte mich in solchen Fällen immer wieder ins Gleichgewicht.

Als Bergführer an den Cinque Torri

Ursula kam besser über den Überhang an der Südwestwand des Torre Grande, als ich gedacht hatte. Ich mußte sie loben und am Gipfel wollte ich erfahren, wie sie eigentlich Bergsteigerin geworden war, denn ich wußte, daß sie ihre Kindheit in Ostpreußen verbracht hatte. —
Ihre Eltern hatten ihr von einer ihrer Reisen in die Schweiz Bilder vom Vierwaldstätter See und vom Eiger mitgebracht, erzählte sie mir. Diese Bilder hingen überm Kinderbett und faszinierten sie sehr. Die Eltern erzählten von Chamonix, die Berge wurden zum heißen Wunschtraum. Voller Begeisterung begann sie in den »Bergen« ihrer Heimat — bis zu 360 Meter hoch — zu wandern.
Zur Belohnung für ein gutes Schulzeugnis nahm die Mutter sie mit nach Bayern. Bei dieser Gelegenheit bestieg sie den Watzmann und die Zugspitze. Sie war derart begeistert, daß sie nur noch der Wunsch beschäftigte, ganz in die Berge zu ziehen. Wie aber konnte sie einen Grund dafür finden?
Damals begann man, viel zu photographieren, also wollte sie auf der Stelle Bergphotographin werden. Für die überraschten Eltern war das ein sonderbarer Vorschlag und er wurde nicht akzeptiert. Schließlich entschloß sie sich für die Ausbildung zur Diätassistentin in München. Damit waren die Eltern einverstanden.
Nun begann für sie eine erlebnisreiche Zeit, sie lernte Bergsteiger kennen, sie begann zu klettern. Klettergarten, Vorberge, Karwendel, Kaiser hießen die ersten Ziele. Die Mittel waren damals beschränkt, die Anmärsche weit, der Rucksack schwer. Bald kannte sie die Ostalpen recht gut, die Touren wurden länger und schwieriger.

Nach beendeter Ausbildung sollte sie nach Ostpreußen zurückkehren. Vorher aber hatten die Eltern mit ihr eine Reise in die Dolomiten unternommen. Besonders diese Erinnerung blieb, die Sehnsucht wuchs mit der Entfernung zu den Bergen und die weite Reise — 1400 km mit dem Auto bis München — konnte sie von weiteren großen Touren nicht abhalten.
Ursula heiratete einen ostpreußischen Offizier, der sie nun auf den Reisen in die Alpen begleitete. Dann kam der Krieg. Sie wurde Witwe, mußte fliehen, verlor alles, was sie liebte. Sie suchte sich Arbeit, kannte niemanden, an Berge oder Urlaub war nicht zu denken.
Nach Jahren eisernen Sparens, größter Selbstdisziplin, reichte es endlich zu einer Reise an den Tegernsee: Wiedersehen mit alten Freunden, bescheidene Klettereien, barfuß, denn für Bergschuhe reichte das Geld nicht.
Langsam wurden die Zeiten besser, sie zog nach Berchtesgaden.

Wenn mich heute jemand nach dem »Warum« des Bergsteigens fragt, möchte ich mit ihm immer Ursula besuchen. Mit ihren 63 Jahren könnte sie eine weltfremde alte Dame sein, verbittert durch ihr Schicksal und ihre Einsamkeit. In Wirklichkeit aber errät kein Mensch ihr Alter. Ihre Begeisterungsfähigkeit, ihre Spannkraft, ihr waches Lebensinteresse halten sie jung, bewahren ihr Freunde. Hinter der Art aber, wie sie sich und ihr Leben in der Hand hat, steckt eine enorme Selbstdisziplin, ein sich mit Leichtigkeit an jede Situation anpassen können, die eine strenge Schule verraten, nämlich die Schule der Berge.
Die Berge machen das Leben nicht leichter, aber sie helfen, es besser ertragen zu können. Durch die äußeren Umstände machen sie widerstandsfähig und gleichmütig — durch ihre Anregung zum Nachdenken helfen sie uns, das innere Gleichgewicht zu finden und zu halten, das uns an die Quellen aller Lebensweisheit führen kann.
Es gibt viele Bergsteiger, deren Persönlichkeit die Berge geprägt haben, ungezählte namenlose Bergsteiger, die mit großer Begeisterung die gleichen Ziele verfolgen wie auch ich. Nur kennen wir sie nicht.
Wir kennen wohl die Erstbegeher der Nordwand der Großen

Zinne, denn ihre Namen stehen, wie auch die von Whymper und Carrel, mit großen Lettern in den Annalen der alpinen Geschichte. Wir wissen, daß Hermann Buhl nach der ersten Alleinbegehung der Badilewand auf dem Gipfel von einigen Bergsteigern gefeiert wurde. Über welchen Weg aber waren die aufgestiegen, die sich mit Buhl über seine großartige Leistung freuten? Wer waren sie?
Namenlose, unbekannte Bergsteiger.
Unzählige sind es, die Sonntag für Sonntag die Stadt verlassen und ins Gebirge ziehen. Die Begeisterung, die Sehnsucht ist oft die gleiche, die einen Winkler, einen Preuß, einen Buhl oder Bonatti beseelte.
Vielen solchen Bergbegeisterten bin ich im Gebirge begegnet. Sie fragten nichts. Antworteten kurz. Die wenigsten erzählten in Zeitschriften ihre Erlebnisse. Wenn ich auch in diesem Sommer vorwiegend ganz große Touren unternommen habe und nur diese beschreibe, so heißt das nicht, daß ein Wanderer weniger erlebt.
Auch für den Durchschnittsbergsteiger rötet sich am Abend der Himmel. Das frische Quellwasser kühlt auch seine Kehle. Die Zirbelbäume rauschen für jeden Heimwärtsziehenden.
Es genügt die Begeisterung, Naturverbundenheit, um dies alles zu erleben. Der Sechste Grad ist dafür nicht nötig.
Die Berge sind gerecht. Sie verteilen nicht nach Klasse oder Schwierigkeit, nicht nach Größe oder Redegewandtheit. Sie geben jedem soviel, wie er ihnen entgegenbringt. Sie können dem Wanderer mehr geben als dem Bezwinger der Direttissima. Das hängt von der Einstellung ab.
Der Schwierigkeitsgrad spielt keine wesentliche Rolle. Wer beim Dritten Grad seine Leistungsgrenze hat, soll beim Dritten Grad bleiben. Auf den unzähligen Dreierwegen kann er die Berge erleben, wie ein anderer sie auf ebensovielen Sechserwegen erlebt. Jeder muß wissen, was er kann und was er nicht kann, um danach sein Tun zu richten. Deshalb sollen die Schwierigkeitsgrade in erster Linie keine Leistungsskala sein, sie sollen es dem einzelnen möglich machen, den richtigen Weg zu wählen. Dabei ist allerdings zu bedenken, daß das Geheimnis der alpinen Tat in der Grenze liegt. Nicht darüber und nicht darunter.

Faulheit und Feigheit werden nicht belohnt. Tollkühnheit wird sehr oft mit dem Tode bestraft.

Ich war sicher, daß sich Ursula über diese kurze Kletterei im dritten und vierten Schwierigkeitsgrad ebenso freute wie ich mich über eine Alleinbegehung einer Sechserroute freuen würde. So selbstverständlich mir ihre Genugtuung über die gelungene Tour vorkam, so selbstverständlich erschien es ihr, als ich am Nachmittag allein und ohne jedes technische Hilfsmittel über die Nordwestkante nochmals auf den Torre Grande kletterte. Sie sah mir zu und als ich wieder unten stand, kam ein Bub zu mir und bat mich, ihn auf den zweiten Turm zu führen. Die Zeit reichte und Ursula, die mich ja als ihren Führer engagiert hatte, erlaubte es.
Der Bub, er war vielleicht zwölf, stellte sich geschickt an und als wir am Gipfel standen, fragte er mich, ob er später einmal den Sechsten Grad klettern könnte.
»Ja«, sagte ich, »wenn du fleißig trainierst und nicht zu dick wirst, sicher.«

Eine eingespielte Seilschaft ist bei einem großen Unternehmen oft der Schlüssel zum Erfolg. Es ist ein Unterschied, ob man sich von schwierigen Situationen her kennt oder erst auf der Hütte kennenlernt. Meine ganz großen Erstbegehungen führte ich deshalb mit einer Handvoll von Freunden durch, die ich kannte und die ebensogut waren wie ich. Man konnte sich auf sie verlassen, und sie waren immer wieder zu neuen Touren bereit.
Günther, der in diesem Sommer weniger Zeit hatte als früher, begleitete mich in diesen Tagen durch die Ostwand vom Lang-

kofel, an der Westwand des kleinen Murfreidturms; Heini Holzer, mit dem ich viele der schwierigsten Dolomiten-Touren wiederholt hatte, lud mich zu einer Erstbegehung ein und mit Peter Habeler, dem nach der Anden-Expedition in den Bergen Nordamerikas sensationelle Erstbegehungen gelungen waren, plante ich eine Tour, zu der es bis heute nicht gekommen ist.

Einmal nur, am Nanga Parbat, waren einige Leute dabei, die ich nicht kannte. Die Erfahrungen, die ich mit ihnen machen mußte, waren bitter und ich werde mich in Zukunft hüten, an zusammengewürfelten Expeditionen teilzunehmen. Einer Tour mit einem mir unbekannten Partner ziehe ich heute einen Alleingang vor.

Mit einem Mann aber wie Peter Habeler würde ich es wagen, einen Achttausender als alleinstehende Seilschaft anzugehen. Mit gleichviel Erfolgschancen und weniger Risiko als im herkömmlichen Stil einer Großexpedition.

Eine Hand voll Steine

1. Begehung der Coronelle-Nordwestwand

Während ich mir die einzelnen Hakenbündel an den Klettergürtel hängte, nahm Heini Holzer, mein Partner, ein Steinchen vom Kar auf und steckte es in die Tasche. Es war an diesem frühen Vormittag nebelig trüb, der Fels feucht und kalt.
Die Nordwestwand der Coronelle, unser Ziel, steht links der Rotwand in der Rosengartengruppe und war bisher nur wenig beachtet worden. Vom Gipfel zieht ein grauer Wasserstreifen herunter, der sich unten in gelben Überhängen verliert. Daß der Wasserstreifen im mittleren und oberen Wandteil frei kletterbar war, bezweifelte keiner von uns beiden, wie aber sollten wir ihn von unten her erreichen?
Über gestuften Fels links der Gipfelfallinie stieg ich ein und schräg rechts hinauf zu einer seichten Verschneidung. Obwohl der Fels fest und rauh war, mußte ich äußerst vorsichtig sein, weil die Sohlen der steifen Kletterschuhe auf abschüssigen Tritten zu rutschen drohten. Hier in den Einstiegsseillängen klebten feine Moose und Flechten am Gestein, die sich mit Feuchtigkeit vollgesogen hatten.
In der seichten Verschneidung — ein winziger Griff nur — begann ich zu zögern. Ich stieg einen halben Meter hinauf und wieder zurück, versuchte dies öfters, aber ohne Erfolg. Der eine Griff für die rechte Hand war gerade so groß, daß die Fingerkuppen Platz fanden. An ihm hätte ich höchstens zwanzig Kilo gehalten. Die linke Hand stemmte ich auf Gegendruck an die linke Verschneidungswand. An solchen Stellen gibt es nur eine Technik, um frei darüber hinwegzukommen.
Man sieht sich die zu überwindenden schwierigsten Klettermeter genau an, überlegt jede Bewegung im voraus und vollzieht den Bewegungsablauf zuerst im Geiste. Nun lockert man die Arme

und klettert dann ruhig, aber mit Schwung, bis man wieder größere Tritte unter den Sohlen hat. Der Trick besteht darin, daß man nie stehenbleibt, daß die gewonnene Geschwindigkeit so lange gehalten wird, bis man darüber hinweg ist. Dadurch braucht man weniger Kraft und kann sich auf kurze Strecken an kleinsten Griffen halten.

Ich halte von diesem überlegten Spiel mehr als von einem Herumprobieren, das ungemein viel Fingerkraft kostet und nicht selten zum Sturz führt. Natürlich ist dabei viel Erfahrung und ein geschultes Auge nötig. Überhaupt kommt es beim Felsklettern oft weniger auf die Kraft, als vielmehr darauf an, daß man die einzig richtige Route wählt und diese auch richtig klettert. Das gilt für den ganzen Anstieg, im Detail für einige Klettermeter bis hin zur günstigsten Griffbelastung und Gewichtsverteilung. Ich wage sogar zu behaupten, daß sehr viele Kletterer an einer Viererroute Fünferstellen klettern, weil sie das Gelände von unten nicht richtig einschätzen können und die ideale, weil leichteste Linie nicht finden. Das gilt für die unteren Schwierigkeitsgrade mehr als für den Sechsten Grad, weil die Möglichkeiten mit steigender Schwierigkeit geringer werden.

Auch am nächsten Standplatz las Heini ein erbsengroßes Steinchen auf. Wieder verschwand es in der Brusttasche des Anoraks. Wir wechselten uns in der Führung ab und mußten so am Standplatz nicht dauernd alles umhängen. Durch die vielen gemeinsamen Touren hatten wir Vertrauen zueinander und jeder wußte vom anderen, daß er kein Kamikazekletterer war. Die letzten Seillängen führten über eine bauchige Wand gerade empor zu den Gipfelschrofen.

Es regnete jetzt leise und obwohl die Griffe groß waren, mußte man sich gut festhalten, denn die Wand hing hier teilweise über. Am höchsten Punkt zwischen drei Steinklötzen machten wir Rast, teilten uns einen Apfel und besprachen den Abstieg. Heini fischte eine Hand voll Steinchen aus seiner Anoraktasche, zählte sie und warf sie in den Abgrund. Während sie fielen, konnte auch ich sie zählen. Es waren sieben.

Dann traten wir über eine Schotterrampe abwärts. »Sieben Seillängen waren es«, bemerkte Heini hinter mir. Ich drehte mich um. Den Gipfel konnte man im Nebel nicht mehr erkennen.

Die Südwand der Marmolata ist mehrere Kilometer lang und bis zu neunhundert Meter hoch. Es gibt an ihr viele schwierige Kletterstellen und einige unter diesen zählen zum Allerschwierigsten, was es im Fels gibt.
Eine dieser Routen, die Vinatzer-Führe durch die Südabstürze der Marmolata di Rocca, gehört gleichzeitig mit zu den elegantesten Anstiegen im Dolomitenraum, in ihrem unteren Teil wenigstens. In der zweiten Wandhälfte zieht sie sich zu weit nach rechts und umgeht damit den plattigen Gipfelaufbau. — Ein Schönheitsfehler.
Zweimal hatte ich die Vinatzer-Route schon durchstiegen, bevor ich an eine Alleinbegehung dachte. Das erstemal ging alles glatt, knappe acht Stunden hatten wir gebraucht vom Einstieg bis zum Gipfel, mit Günther, meinem jüngeren Bruder. Ein Jahr später stiegen wir wieder ein. Wir wollten vom Band in der Wandmitte direkt zum Gipfel aufsteigen, über jene imaginäre Linie, die uns der Berg zwingend als Direttissima vorschrieb. Es war keine Gerade, Gerade lagen mir nicht, die Linie des fallenden Tropfens ist viel zu geometrisch, um schön zu sein.
In den Höhlen am Band biwakierten wir und als wir am nächsten Morgen aus dem Zeltsack krochen, lagen zwanzig Zentimeter Neuschnee in der Wand. Der Traum von unserer Erstbegehung war ausgeträumt. Wir mußten alles daransetzen, um der Wand zu entrinnen, was uns über die Livanos-Variante dann gelang.
Auf dem Band in der Wandmitte aber hatten wir fünfzehn Haken zurückgelassen. Wir wollten es später nochmals versuchen, wir wollten wiederkommen...
Es war damals schwierig geworden, schöne Erstbegehungsmöglichkeiten zu finden und wenn ich eine wußte, fürchtete ich fortwährend, daß andere kommen könnten und sie mit allen Mitteln lösen würden.

Es ist selbstverständlich, daß die noch offenen Routen in den Alpen Jahr für Jahr weniger werden, schlimm aber ist, daß bestimmte Erstbegeher um nichts in der Welt aufhören wollen, »Erstbegeher« zu bleiben, zu allen Techniken bereit, nur um ihre Listen anzureichern.

Nach meinem Gefühl muß eine große Erstbegehung »logisch«, »authentisch« und »frei« sein, also trainierte ich geflissentlich, diesen Forderungen gerecht zu werden.

Ich stieg ein, wenn ich in Form war, verzichtete, wenn ich es nicht war. Bisher ist keine meiner zahlreichen Neutouren von den ersten Wiederholern in weniger Zeit und mit weniger Haken durchstiegen worden, als ich sie bei der Erstbegehung benötigt hatte, und das freut mich auch heute noch.

Die Rupalwand am Nanga Parbat. Zusammen mit der Annapurna-Südwand wurde mit der Durchsteigung dieser Riesenflanke eine neue Epoche im Himalaya-Bergsteigen eingeleitet: Das extreme Bergsteigen an den Achttausendern.

Ein Riß durchzieht den unteren Teil der Südwand an der Marmolata di Rocca. Durch diesen Riß verläuft die Vinatzer-Führe. Allein kletterte Reinhold Messner über den Plattenschuß vom Band direkt zum Gipfel weiter. An dieser Neutour sind schon einige Wiederholer abgeblitzt.

Fingertraining eines Selbstmörders

1. Begehung der direkten Südwand an der Marmolate di Rocca im Alleingang

Als ich am Morgen aufstand und wegfahren wollte, stand mein Wagen nicht mehr da. Am Sägeplatz, wo er hätte stehen müssen, lag das Gras noch dicht zusammengedrückt am Boden und ich glaubte eine Spur zu erkennen von dort zur Straße.
Am Abend vorher war ich spät von einer Führungstour heimgekommen. Den Wagen hatte ich abgeschlossen. Dabei mußte ich die Tasche, in der ich alle meine Papiere und die unbeantwortete Post mit mir herumschleifte, auf das Autodach legen. Daran erinnere ich mich ganz genau.
Die Polizei meinte lakonisch:
»Manchmal findet man die Wagen wieder, manchmal nicht. Wir müssen abwarten!«
Mit diesem Bescheid war ich an meine Dachkammer gefesselt und an den Klettergarten, der fünf Minuten vom Dorf entfernt war.
Immer, wenn ich nun in mein Zimmer kam, holte ich ein Foto von der Marmolata-Südwand heraus und betrachtete es. Der riesige graue Plattenschuß oberhalb des Bandes war von vielen seichten Rinnen durchzogen, kleine Höhlen und Löcher gab es dort und ein Riß schien direkt zum Gipfel der Punta di Rocca zu leiten. Das Bild war von Jürgen Winkler; er macht wirklich Bilder, an denen man mit der Lupe Routen studieren kann.
In diesen Tagen pendelte ich zwischen meiner Dachkammer und der »Zellen-Säge« hin und her. Je mehr ich trainierte, um so mehr spielte ich mit dem Gedanken, die Route an der Marmolata di Rocca allein zu begehen. In den Wochen vorher hatte ich verschiedene Kletterer auf diese Möglichkeit hin angesprochen, sie zur Teilnahme eingeladen, aber keiner hatte sie für gangbar gehalten.

Diese Führe war meine Idee, ich hatte sie von A bis Z durchdacht, lange für sie trainiert. Zwei Tage würde ich brauchen, viele Stunden lang würde ich mich durch schmale Risse schieben, weite Verschneidungen hochspreizen, über glatte Platten tasten. Für den Abstieg müßte eine Stunde reichen. Merkwürdig, was in meinem Kopf nun vorging. Ich war bereits zum Fanatiker geworden, ich lebte in der Wand, ohne eingestiegen zu sein.
Am nächsten Tag mußte ich zur Polizei. Der Beamte zeigte mir den großen Karteikasten auf seinem Tisch mit den gestohlenen Wagen. Der meine war nicht mehr dabei, er gehörte zu den anderen, den wiedergefundenen. Während der Polizist telefonierte, spielte ich mit einer Federhantel, die ich zum Fingertraining in der Jackentasche trug. Der Beamte sah es und mußte lachen. Als ich aber auf seine Frage nach dem Zweck dieser Übungen das Klettern angab, meinte er nur: »Sehr gefährlich! Sie sind ein Selbstmörder.«
Viele Menschen denken ans Bergsteigen wie an den Tod, nur deshalb sind sie dagegen. Das Autofahren sei viel gefährlicher, sagte ich, aber das verstand er nicht.
Als ich eine halbe Stunde später meinen Wagen wieder hatte, wäre ich am liebsten gleich zur Marmolata gefahren. Daheim packte ich sofort den Rucksack, doch für diesen Tag war es bereits zu spät.
Am nächsten Morgen endlich konnte die Reise beginnen. Meine Mutter erschrak nicht, als ich sagte, daß ich für einige Tage allein zur Marmolata führe.
»Paß gut auf«, sagte sie, wie immer.
In der Biwakschachtel am Ombretta-Paß übernachtete ich. Da es in der Frühe kalt war und ich zum Klettern keine Lust hatte, stieg ich erst am späten Vormittag ein. Biwakieren muß ich sowieso, dachte ich.
In den ersten beiden Seillängen zog ich den Rucksack auf. Die Vinatzer-Route war mir von anderen Begehungen her so geläufig, daß ich niemals nach ihr suchen mußte. Auch fand ich sie nicht schwieriger, als ich sie von den Jahren vorher in Erinnerung hatte.
In der Höhle am Band richtete ich mich für das Biwak ein. Links drüben fand ich Wasser, das ich mit Zitronensaft mischte. Die

Haken vom vergangenen Jahr fand ich wieder und hängte sie der Größe nach zu den anderen am Klettergürtel. Frühzeitig legte ich mich zur Ruhe. Vor der Höhle wurde es dunkel und die Luft begann kalt zu werden. Ich zog die Beine näher an den Körper und schob den Biwaksack über den Kopf.
Als der Morgen kam, hatte ich abermals keine Lust zum Aufstehen. Man kann diese Stunde, diese Zeit, während der man stumpf und unterkühlt ist, nicht überspringen, nicht einmal verkürzen. Im Halbschlaf, während der Nacht, hatte ich öfter gedacht, daß es vielleicht nicht möglich sein würde, allein, direkt zum Gipfel weiterzuklettern. Diese Momente der Zweifel kannte ich schon und es gelang mir, sie zu überwinden.

Eine Fliege saß auf meinem Biwaksack. Sie rieb sich die Füße, zuerst die vorderen, dann die hinteren. Sie rieb sie paarweise gegeneinander, scheinbar unüberlegt und genußvoll. Ich richtete mich auf, massierte, sobald die Fliege fort war, Arme und Beine und erhob mich.
Dann verstaute ich die Biwakausrüstung im Rucksack, band mir den Klettergürtel um und kontrollierte nochmals, ob alle Haken am richtigen Karabiner hingen. Ich pflegte sie nach Größe und Profil zu ordnen, so daß ich sie an kritischen Stellen leichter zur Hand hatte. Die beiden Strickleitern legte ich zusammen und hängte sie mit einem Karabiner auf den Rücken. Etwa zehn Meter rechts von der Biwakhöhle schlug ich einen weichen Profilhaken in den Überhang. An ihm gesichert kletterte ich vom Band weg über eine Steilstufe hinauf. Weiter oben lehnte sich die Wand zurück. Über Platten, Schrofen und eine brüchige Ausbauchung kletterte ich dann, ohne einen weiteren Haken schlagen zu müssen, gerade aufwärts.
Erleichtert stellte ich fest, daß es einfacher war, als erwartet. Unter einem senkrechten Aufschwung blieb ich stehen. Die Löcher an der Wand waren so weit voneinander entfernt, daß sie mir zu schwierig erschien. Weiter links aber glaubte ich einen versteckten Riß zu erkennen, der auf einen Weiterweg hoffen ließ. Ich querte an orgelpfeifenartigen Felssäulen nach links, und sah eine schmale Ritze hinten in einer kleinen Verschneidung. Über der Ritze aber war der Fels senkrecht und ungegliedert.

Der Haken, den ich in der Ritze unterbringen konnte, hielt. In überaus krafttraubender Kletterei stieg ich, an ihm und zwei weiteren gesichert, über die Platte hinauf, brachte einen zweiten Haken unter und hatte gewonnen.

Diese Stelle gehörte mit zu den schwierigsten, die ich je geklettert war. Nach kurzer Rast turnte ich dann förmlich über eine lange Platte aufwärts. Immer, wenn ich mir schwer tat sah ich mich nach günstigeren Haltepunkten um — und fand sie. »Du machst etwas falsch«, sagte ich zu mir selbst, wenn ich unsicher zu werden begann, überlegte kurz, wechselte einen Griff oder Tritt und es ging wieder. Erst als ich über eine Serie von Rissen und Verschneidungen schräg rechts aufwärts kletterte, bemerkte ich, daß sich der Himmel bezogen hatte — es graupelte bereits.

Von der direkten Linie bog ich jetzt etwas ab und peilte eine Ritze an, die knapp unterm Gipfel an die rechte Kante leitete. In äußerst schwieriger Freikletterei kam ich an die Ritze heran und nagelte mich an ihr etwa zwanzig Meter hinauf. Das Seil lief dabei durch die Karabiner, ich kletterte wie in der Seilschaft; mit dem Unterschied allerdings, daß ich das Seil selbst nachließ. Dort, wo die Wand wieder frei kletterbar war, schlug ich zwei Abseilhaken, stieg nochmals zurück und nahm die Karabiner mit. Die Haken ließ ich stecken, weil ich sie für den weiteren Aufstieg nicht mehr brauchte. Zufrieden stieg ich über die letzten Stufen zum Gipfel hinauf.

Diese Erstbegehung wird vielleicht meine wichtigste bleiben und das liegt daran, daß sie so sehr der Natur des Berges und gleichzeitig dem Schönheitsideal der Direttissima entspricht. Zwei Tage lang kletterte ich an dieser Wand. Mit den Fingerspitzen hielt ich mich an ihr fest, tastete ich sie ab. Ich rechnete nie, ich überlegte, ich beobachtete.

Ich sehe noch ein Stück Natur im Berg. Für mich ist eine Wand nicht eine Gesteinsmasse, sondern ein Organismus, den man beobachtet, abhört, mit dem man lebt.

Von vornherein gibt es am Berg keine Routen, es gibt sie erst, wenn sie der Mensch ersinnt, studiert und durchklettert. Diese Routen sind nicht notwendig, aber möglich, und was für Schöpfungen im allgemeinen gilt, gilt auch für eine Erstbegehung.

Ich denke materiell, wissenschaftlich, praktisch, gewiß, aber irgendwie fasziniert mich das Unnütze, und die Berge haben den Wert, den wir ihnen geben.

Bei der Heimfahrt aus Osttirol regnete es fast ununterbrochen. Viele tote Frösche lagen auf der Straße, das war ein Schlechtwetterzeichen.
In den Lienzer Dolomiten hatte Sepp Mayerl ein Expeditionstreffen organisiert, wir hatten die Laserz-Kante durchstiegen und neue mögliche Unternehmungen in den Bergen der Welt diskutiert.
Damals hatte ich noch viele Pläne für den Rest des Klettersommers, ich hatte mir leichte und beste Ausrüstung zurechtgelegt, nur fehlte mir der Auftrieb und ein gleichwertiger Partner. Mein Gesamtzustand, die psycho-physische Verfassung, hatte weniger unter den aggressiven Kritiken gelitten als vielmehr unter der Tatsache, daß mir die Marmolata-Direttissima im Alleingang geglückt war.
Die Spannung, die diese Wand vor der Durchsteigung in mir ausgelöst hatte, hieß mich jede Trainingsminute voll ausnutzen, und auch sonst war ich in Gedanken oft bei dieser Neutour, an einzelnen schwierigen Wandstellen. Dieses Voll-mit-einer-Wand-beschäftigt-sein entsprach etwa einer Joga-Übung und hatte mich in den psycho-physischen Zustand versetzt, diese Erstbegehung sicher zu Ende führen zu können.
Jetzt aber hatte ich kein Ziel mehr, wofür ich all meine Kraft und Konzentration hätte einsetzen müssen. In wenigen Wochen war ich unsicherer geworden und gab so manche Tour auf, ohne in ernste Bedrängnis geraten zu sein. Nur einmal noch, einen Monat später, sollte ich meine Höchstform wiederfinden.

Die große Mauer

Dreißig Meter unterm Ausstieg wurde ich von der Angst überrascht. Ich hatte keine Holzkeile dabei und der Ausstiegsriß — etwa fünf Zentimeter breit — war glatt und überhängend.
Vorher war ich an der Marmolata, an der Civetta, an den Droites und am Frêney-Pfeiler — wo war ich in jenem Sommer nicht überall gewesen! Deshalb fiel es mir jetzt schwer zu begreifen, daß es nicht mehr weiterging, daß von der Überlegenheit, die sich nach diesen Touren in mir breitgemacht hatte, eine Angst übriggeblieben war, die mich vor diesem letzten Hindernis zurückschrecken ließ. Aber die ganze Führe nochmals klettern, auch das wollte ich nicht. Mehr als eine Stunde stand ich unentschlossen unter dem Riß, bis ich mich für den Rückzug entscheiden konnte.
Hans Frisch, ein ausgezeichneter Kletterer aus Bruneck, früher Seilpartner von Toni Egger und kühner Alleingeher, war einverstanden, unter der Bedingung allerdings, daß wir es in den nächsten Tagen noch einmal versuchen würden. Kurz zuvor war uns beiden die Erstbegehung des Nordostpfeilers an der Gardenaccia gelungen und anschließend, beim Abstieg ins Gardertal begeisterten wir uns für diesen riesigen Plattenschuß am Heiligkreuzkofel, der uns im Abendlicht gegenüberlag und gangbar schien. Rechts der drei markanten Pfeiler zieht sich an dieser Felsbarriere eine geschlossene Mauer hin, die von einem Band durchzogen und immer schmaler wird. Feine Risse deuteten die Route an, die wir sogleich die »große Mauer« tauften.
Und nun war ich gescheitert, eine Seillänge unterm Gipfel, schlug zwei Abseilhaken, verband sie mit einer Reepschnur, fädelte das Seil ein und begann mit dem Rückzug. Am Doppelseil

Der Heiligkreuzkofel über dem Gardertal in den Dolomiten. Links der »Livanopfeiler«, dann der »Mittelpfeiler« und der »Rechte Pfeiler«. Rechts die »große Mauer«.

Im »Schuppendach« an der Philipp-Flamm-Führe an der Civetta. Unter dieser Schlüsselstelle ist schon so mancher Spitzenkletterer von der Angst überrascht worden.

glitten wir tiefer, vorbei an all den Stellen, über die wir voll Hoffnung heraufgeklettert waren. Oft schwebten wir frei in der Luft, drehen uns an den Seilen und schlossen die Augen, um nicht schwindlig zu werden.
Einige Tage später fuhren wir wieder ins Gardertal, zum Heiligkreuzkofel. Ich hatte wieder Vertrauen zu mir selbst, und wenn ich auch wußte, daß die Schwierigkeiten an der unvollendeten Route dieselben geblieben waren, stiegen wir ein; Vertrauen ist oft stärker als Einsicht.
In der Zwischenzeit hatte ich weder trainiert noch war ich geklettert. Die Zeit war vergangen, ohne daß es mir voll bewußt geworden war.
Damals hatte ich überhaupt kein Zeitgefühl mehr. Keiner meiner früheren Sommer hatte so lange gedauert, die Zeit schien stehenzubleiben.
So schnell ich meine Form verloren hatte, so schnell hatte ich sie wiedergefunden. Die vielen Touren, die oft extremen Situationen, die Begegnungen mit anderen Menschen hatten mich müde gemacht, doch wohl sonst kaum verändert. Manchmal faßte ich zwischendurch den Entschluß, zurückzustecken, aber eben nur manchmal.
Über Schrofen und einigen Steilstufen hatten wir inzwischen das Band unter den Hauptschwierigkeiten erreicht. Überhängend wölbte sich die Wand über uns vor. Zum Teil steckten die Haken vom ersten Versuch noch und ich kam heute mit weniger aus. Die große Schuppe in der dritten Seillänge klebte nach wie vor an der Wand und wiederum belastete ich sie so vorsichtig wie möglich. Sie war sehr groß, etwa sechs Meter im Quadrat und sah so aus, als ob sie sich jeden Augenblick von der Wand lösen würde. An dieser Schuppe querten wir nach rechts in ein seichtes Verschneidungssystem, über das wir den Ausstiegsriß erreichten. Wieder stand ich unter dem engen Spalt, diesmal hingen die nötigen Holzkeile am Klettergürtel. Doch heute ging es plötzlich ohne. Einige Haken, die ich in Naturlöchern links und rechts vom Riß unterbringen konnte, ermöglichten eine einwandfreie Sicherung. Das meiste kletterte ich frei. Die selbstgehackten Holzkeile ließ ich unterm Gipfelgrat unbenutzt liegen.

Die Maestri-Führe an der Rotwand in der Rosengartengruppe ist eine der vielen technischen Routen, die in den letzten Jahren mehr und mehr an Beliebtheit gewonnen haben. Vierhundert Meter hoch etwa wird sie sein und großteils überhängend. Mit dem sechsten Schwierigkeitsgrad hat sie freilich nichts zu tun, aber technisch ist sie nicht ganz einfach. Zudem geht diese Art von Klettern in die Arme und Nerven muß man haben bei diesen miserablen Haken.

Wenn es mir gelungen wäre, an eine Weiterentwicklung des Bergsteigens mit zunehmenden technischen Hilfsmitteln zu glauben, würde ich die Maestri-Führe mit zu den Marksteinen in der alpinen Geschichte zählen. Es gelang mir nicht, und deshalb amüsierte ich mich über so viele Haken in einer so kurzen Wand.

Wer an den imaginären Siebten Grad herankommen will, muß andere Ziele suchen, und wenn ich einmal im Jahr eine technische Führe ging, so nur, um die Übung im hakentechnischen Klettern nicht ganz zu verlieren.

Einmal im Jahr

Unter uns lag das Kar. Nichts rührte sich dort. Stumm schwamm es in weißen Wellen hinunter ins Tal. Die Haken über mir steckten in regelmäßigen Abständen an der brüchigen Felswand. Verrostetes Eisen an sinnloser Stelle.
Am Abend zuvor hatte ein Bergsteiger daheim auf mich gewartet, ein Italiener. Er gäbe vieles darum, mitgenommen zu werden, ganz gleich wann, aber von mir und es müsse die Maestri-Führe an der Rotwand sein.
Seit einigen Tagen vermied ich es, mit Bergsteigern in Kontakt zu kommen, die mich nach meinen Plänen fragen könnten. — Wenn ich die Träume, die mich begleiteten, wirklich hätte aussprechen müssen, wäre ich gezwungen gewesen, Pläne zu erwähnen, die sogar meine Freunde erschreckt hätten.
So hatte er meinem Wunsch entsprochen, und wir redeten nicht über große, noch offene Freiklettertouren in den Dolomiten, sondern über »Hakenrasseln«.
Kurz zuvor noch wäre ich niemals zu einer technischen Kletterei bereit gewesen. Ich mied sie, hielt meine Zeit dafür zu schade.

Seit einigen Stunden stand ich nun meist auf der mittleren Sprosse der Strickleiter. Mit gemischten Gefühlen prüfte ich, wie es auch alle anderen vor mir getan hatten, die lockeren Haken. An einer Schlinge klimperten die Karabiner. Die Seile liefen zwischen den Beinen hindurch zum Kameraden. Dieser bot den Anblick einer Spinne, die mit Seilen an Haken aufgehängt war. Nach jeder Seillänge band ich mich fest, um, in Schlingen sitzend, bequem sichern zu können. Wenn ich den Standplatz abtreten mußte, wartete ich stehend in den Leitern, bis mein Kamerad wenigstens an zwei Haken hing.

Ich schlug die lockersten Haken besser ein; sobald einer unter der Last meines Körpers herauszuspringen drohte, entlastete ich ihn vorsichtig. So glich die Kletterei einem riskantn Seilmanöver, das sehr verwickelt war. Nach einigen Seillängen waren wir eingespielt, geschickt erwischte ich die Haken.
Während ich mich am späten Nachmittag über den letzten großen Überhang mühte, fielen mir vielerlei Einzelheiten auf, die mir vorher entgangen waren. Kleine, bescheidene Muscheln im Fels, ein Mauerläufer, Flechten.
So gegen sieben Uhr abends brachten wir unsere Tour zu Ende. In unserem zerschlissenen Aufzug, den zerschundenen Fingern, den Haken und Knäueln von Seilen, vollendeten wir das Bild einer Seilschaft, die müde genug war, sich eine Rast zu leisten.

Zerstreut sortierten wir das Klettermaterial, das wir unterm großen Dachüberhang durcheinandergebracht hatten.

Es gibt Bergsteiger, die sagen, ich sei nur noch zufällig am Leben und sie haben recht. Wer ist das nicht? Ein Autounfall, ein fallender Stein, eine Lawine, eine schwere Krankheit... Aber in Wirklichkeit ist es so, daß mir der günstigste Zufall ohne meine Erfahrung und ohne meine Ausdauer nichts genützt hätte, gar nichts.
Theoretisch kann man ausrechnen, wie weit man allein klettern kann, bis man abstürzt. Von hier nach Rom oder nach Wien — viele tausend Meter. Die Gefahr liegt nach meiner Ansicht aber weniger darin, eine schwierige Führe im Alleingang zu wiederholen, wenn man ihr gewachsen ist. Sie liegt darin, daß man

*nicht aufhören will, daß man immer Schwierigeres sucht, ohne Ziel vielleicht, einfach immer weiterklettert, immer extremer.
Die Soldà-Führe am Langkofel ist die schwierigste Route dort und zugleich die längste. Dieses Wissen genügte mir für den Entschluß, auch sie allein zu durchsteigen. Zudem wird sie nur selten begangen.
Die Südwestwand an der Marmolata, die Gino Soldà wenige Tage nach seiner Langkofel-Route erstbegangen hatte, ist berühmt geworden. Hermann Buhl und Kuno Rainer haben sie im Winter durchstiegen, Cesare Maestri allein. Ihre Geschichte war abgeschlossen und trotzdem erhielt sie Jahr für Jahr ihre drei oder vier Begehungen.
Die Route am Langkofel hingegen war in Vergessenheit geraten, ihre Begehungen seit 1936 kann man an den Fingern einer Hand zählen.
Als ich Gino Soldà persönlich fragte, welche Führe er von den seinen vor allen schätzte, nannte er mir seine Langkofel-Direttissima und begründete dies so:
»Diese Führe vereint Größe und Schwierigkeit. Das ist nicht die Größe, aus der man entrinnen kann, wenn es regnet und schneit, sondern die Größe, die ab einer bestimmten Höhe den Aufstieg und den Rückzug unmöglich erscheinen läßt...«*

Kein Ausweg

1. Alleinbegehung der Soldà-Führe an der Langkofel-Nordwand

Wieder stand ich unter der Langkofel-Nordwand, aber ich wußte immer noch nicht recht, ob ich einsteigen sollte. Dreimal war ich in diesem Sommer schon dagewesen und dreimal war ich weggegangen.
»Ich hätte am Vormittag einsteigen sollen«, sagte ich zu mir selbst.
Immer, wenn ich durch das Grödner Tal zum Sella-Joch fuhr, mußte ich hinaufschauen in diese schlanke und doch so mächtige Wand. In den Jahren nach meinen ersten großen Bergfahrten habe ich dabei an den Pfeiler gedacht, der die Wand rechts begrenzt und in zwei Stücken vom Wald bis zum Gipfel hinaufzieht. Ich habe mit dem Gedanken gespielt, dort eine neue Führe zu eröffnen.
In den vorangegangenen Wochen aber war ich dreimal gekommen, um die Soldà-Führe zu suchen, die in keinem Kletterführer genau beschrieben war.
Nun war ich wieder da. In unregelmäßigen Schritten stieg ich die letzten Schotterhalden hinauf zum Einstieg. Es war schon Mittag vorbei und ich hatte es eilig. Immer, wenn ich dabei außer Atem kam, blieb ich stehen und schaute hinauf in die Wand. Ein breiter, massiger Sockel, darüber türmten sich die Felsen auf. Ich war schon zu nahe, um ihre ganze Höhe erfassen zu können. Ich konnte nun Einzelheiten erkennen, Risse und Bänder, die die Wand nicht mehr unmöglich erscheinen ließen. Durch die große Schlucht in der Mitte schoß ein Wasserfall. Ab und zu platzten kleine Steine in den harten Schnee, der wie ein riesiger Kegel am Fuße der Schlucht lag. Unwillkürlich griff ich nach dem Helm am Kopf. Die Seile trug ich am Rücken.
Nach zwei Aufschwüngen wurde es leicht. Über eine Rampe

Der Langkofel von Norden: links die gelbe Nase, in der Fallinie des schwarzen Wasserstreifens in der Mitte verläuft die direkte Nordwandroute.

erreichte ich eine Platte, von der ich in eine tiefe Schlucht hineinqueren mußte. Das erstemal nahm ich jetzt das Seil vom Rücken, schlug zum vorhandenen Haken einen zweiten, verband sie mit einer Reepschnur und fädelte das Seil durch die Schlinge. So gesichert querte ich schräg rechts aufwärts. Von dort seilte ich mich an einem dritten Haken pendelnd in den großen Schlund hinein. Dann zog ich das Seil ab. Damit hatte ich mir den Rückweg abgeschnitten. Ich vertraute zu sehr auf meine Kraft und dachte nicht im geringsten daran, daß etwas passieren könnte. Die Schlucht verließ ich nach einigen Längen über die rechte Wand und geriet dort bald in äußerste Schwierigkeiten. Ich mußte an nassem, kleinsplittrigem Fels klettern. Vorher war alles fest gewesen und nun fühlte ich mich nicht mehr so sicher. Vorsichtig fingerte ich einen Haken aus dem Karabiner und mit einigen unsicheren Hammerschlägen gelang es mir, ihn einige Zentimeter einzutreiben. Auf kleinen Tritten stand ich da, der Griff für die linke Hand war feucht, ich mußte schnell machen. Kräftig hämmerte ich jetzt auf den Eisenstift ein. Plötzlich ein Knack – ich erschrak. Der Hammerstiel war gebrochen. Zum Glück blieb der Hammer selbst an einigen Holzfasern hängen.

Nicht sofort konnte ich die Tragweite dieses Zwischenfalls begreifen. Unter mir lag senkrechter Fels, senkrechter Fels über mir.

Ich war am Langkofel. In der Nordwand, an der Soldà-Führe. Am Ende der nassen, schwierigen Risse, siebenhundert Meter überm Kar.

Nach diesen Überlegungen versuchte ich frei und ungesichert weiterzusteigen. Ich bemühte mich, so zu klettern, daß ich sofort wieder hätte zurückkehren können auf die alten Tritte. Aber ich kam nicht weit, ein, zwei Schritte nur, dann mußte ich jeweils zurück.

Nun war ich in der Falle. Es ging nicht mehr. Zweimal hatte ich schon versucht, vom Haken wegzuklettern, vergeblich. Ich mußte den Haken ganz einschlagen, den einen nur noch, um mich sichern zu können. Nur noch diesen, weiter oben würde es leichter sein. Zwischen Daumen und Zeigefinger hielt ich den Stumpf mit dem Hammer, versuchte zu schlagen. »Made in

Italy« stand darauf zu lesen. Der Rest des Stiels hing an der viel zu dicken, roten Schnur. Ich könnte sie als Abseilschlinge verwenden, wenn der Haken halten würde, dachte ich. Er ging nicht hinein. Ich schwitzte am ganzen Körper, besonders an den Fingern, ich hatte Angst.
»Ich muß um Hilfe rufen«, sagte ich mir. Zum ersten Mal in meinem Leben mußte ich daran denken. Aber wer hätte mich hören können? Ein Hirte vielleicht oder ein Wanderer. Es war später Nachmittag. Ob jetzt überhaupt noch jemand unterwegs war, unten am Wandfuß?
Am Einstieg hatte ich nur die objektiven Gefahren gefürchtet. Diese Angst aber war während des Kletterns bald überwunden.

Jetzt gab es plötzlich keinen Ausweg mehr und doch konnte ich nicht aufgeben. Ich hätte unmöglich stundenlang auf der Stelle stehenbleiben können. Je absurder die Lage ist, desto weniger erträglich ist der Gedanke an den Tod. Ich mußte handeln, bevor es zu spät war. Jetzt erst wußte ich, was ein Kletterhammer wert ist.
Große Schwierigkeiten lagen hinter mir, vielleicht noch größere vor mir. Ich hatte sie gesucht und wäre nun doch so bereit gewesen, mich aus der Falle ziehen zu lassen. Auf Grund des schlechten Standes aber mußte ich selbst noch alles tun, um mich zu befreien. Doppelt vorsichtig, kleine Rastplätze anpeilend, schob ich mich aufwärts. Mit dem Wissen, daß ich zurück muß, wenn es nicht geht, kam ich von Leiste zu Leiste. Aufwärts ging es leichter als abwärts.
Ich war so angespannt, daß ich alles um mich herum vergaß.

Als sich der Fels etwas zurücklehnte, blieb ich stehen. Auf einer Plattform, so groß wie ein Stuhl, stand ich nun, lehnte den Kopf an die Wand und schloß die Augen. Langsam begann ich zu vergessen, wo ich war, vergaß die gefährliche Situation, die ich eben noch durchlebt hatte, vergaß den gebrochenen Hammerstiel. Gestalten stiegen vor mir auf, Gesichter, starr und unbeweglich. Als ich die Augen wieder aufschlug, sah ich ganz nah vor mir den grauen Dolomit, zarte Moose schwollen aus feinen Ritzen, wurden groß und überdeutlich. Spitz, glänzend und schimmernd wuchsen mir die Unebenheiten des Felses entgegen, verwoben sich mit den Moosen, formten sich zu phantastischen Bildern. Wenige Augenblicke später verschwammen diese Bilder, verloren sich in einer grauen, wogenden Masse und als ich wieder klar sehen konnte, war der Fels wie immer.

Unter mir, in der engen, dunklen Schlucht war ein Stück Eis oder ein Stein losgebrochen und fiel nun lärmend, von einer Schluchtwand zur anderen springend, in die Tiefe. Es dauerte einige Minuten, bis es wieder still war. Die Bäume unten im Kar waren winzig klein, ihre Nadeln flirrten in der Sonne. Links und rechts von mir wölbten sich gelb und überhängend die beiden Pfeiler und wenn ich daran dachte, daß die Wand unter mir fünfmal so hoch abbrach, hielt ich mich noch fester an den Griffen.
Nichts rührte sich jetzt, alles um mich herum war wie immer: das Kar, die Wände und Schluchten. Gleichgültig lagen sie da, gleichgültig und neutral, als hätte es Menschen niemals gegeben.

Ein gewaltiger Überhang sperrte die Ausstiegsverschneidung. Unerwartet leicht konnte ich ihn umgehen. Erleichtert atmete ich auf, als ich nach links um die Kante in weniger steiles Gelände steigen konnte. Über eine Eisrinne und Schrofen erreichte ich in den ersten Abendstunden den Gipfel.
Ich war ganz fertig, setzte mich hin, um zu rasten. Alles in meinem Körper war unruhig. Ich war zu müde, um zu schlafen, ich saß da und merkte jetzt erst, daß meine Hände zitterten.
»Man kann nur einmal abstürzen«, dachte ich, »danach nie wieder.« Vielleicht habe ich damals verstanden, für einen Augenblick begreifen können, was »nie wieder« bedeutet.
Während ich nachts von der Scharte über das Langkofelkar zum Sellapaß hinunterstolperte, überlegte ich, daß jetzt auch ohne mich alles so wäre, ganz gleich, und ich spürte, daß etwas in mir wieder zu gewinnen war: Das Lächeln über mich selbst.

In diesen Tagen bekam ich einen Brief, der folgende Kritik über mich enthielt:
»Du bist ein Verrückter, ein Mann des Wahnsinns, ein totaler Spinner — und bald ein Kind des Todes, wenn Du nicht die Kraft und den Mut findest, getragen von Vernunft, auf solche Unternehmungen zu verzichten.«
Ich wußte, daß auch viele andere meine Alleinbegehungen als verantwortungslos ablehnten. Man sah sie als ein letztes Risiko an, das außerhalb des Normal-Menschlichen liegt. Man hat mir sogar vorgeworfen, ich sei auch für alle jene verantwortlich, die meine Routen wiederholten und dabei den Tod fänden. Wenn man mich aber schon als Gefahr — weil beispielgebend — hinstellt, sollte man auch mein langes und intensives Training nicht verschweigen. Wer sich nämlich so gewissenhaft wie ich vorbereitet, zwanzig Jahre Bergerfahrung hat, nimmt bei einer extrem schwierigen Alleinbegehung vielleicht weniger Risiko auf sich als ein anderer, der ohne besondere Kondition am Wochenende schnell eine große Tour machen will.
Auch gab es damals schon Leute, die an einigen meiner Alleinbegehungen zweifeln wollten, meine Droites-Begehung zum Beispiel einfach abstritten. Die französischen Bergführer aber, die mich in der Wand fast ununterbrochen beobachtet hatten, schrieben über dieses Unternehmen:
»Ohne jeden Zweifel die schwierigste Alleinbegehung in kombiniertem Gelände, die nach dem Zweiten Weltkrieg in den Alpen vollbracht worden ist.«
Ich setzte damals meine Serie der Alleinbegehungen nicht fort, um noch etwas Schwierigeres zu machen, sondern allein deshalb, weil ich die Voraussetzungen dazu hatte und die nötige Zeit.

Wenn ein Löffel vom Tisch fällt...

Furchetta-Nordwand — Meraner Weg: 2. Begehung, gleichzeitig
1. Alleingang

Vorsichtig steckte ich einen Messerhaken in die Ritze, fischte dann, da ich nur die rechte Hand frei hatte, den Hammer aus der Lederschlaufe am Gürtel und klopfte sanft auf den Kopf des Stifts. Er hielt. Beim ersten kräftigen Schlag aber sprang er heraus, an meinem Kopf vorbei in den Abgrund. Ich erschrak unwillkürlich und hielt mich mit der linken Hand krampfhaft am Felsen, während der Stahlstift in riesigen Sätzen klirrend in die Tiefe schwirrte.
An einigen Holzkeilen war ich schräg rechts aufwärts geklettert und hätte mit diesem einen Haken weniger schwieriges Gelände erreicht.
Es halfen jetzt kein Ärger und kein Jammern über die zu harten Haken oder die widerspenstige Ritze in der Wand, ich mußte, um weiterzukommen, einen neuen Haken schlagen, und zwar sofort.
Unwillkürlich erfaßte mich jetzt ein Sturzgefühl, aber nur ein mahnendes, kein lähmendes Sturzgefühl.

Das tiefe Bewußtsein der ständigen Sturzgefahr darf beim Alleingang nicht hemmend wirken. Die Geschmeidigkeit der Bewegungen, die Gelöstheit sind nur dann gegeben, wenn sich der Kletterer in aller Selbstverständlichkeit bewegt, wenn er sich den einzelnen Kletterstellen, dem Zauber des Augenblicks hingibt. Das Konzentrationsvermögen geht bis zu den Fingern und Schuhsohlen, die am Fels haften.
Die schwierigsten Kletterstellen nahmen mich oft so gefangen, daß sie mich der Zeit enthoben. Ich dachte an alles Mögliche dabei, nur an eins nicht, an den Tod.
Mein Leben werde, so meinte ich damals, so fühlte ich, so

benahm ich mich, ins Unabsehbare fortgehen. Natürlich wußte ich, wenn ich nachdachte, daß auch ich einmal sterben müsse. Aber das lag in weiter Ferne und hatte keine Wirklichkeit. Zuerst war etwas anderes an der Reihe, das Leben, diese Kletterstelle, diese Tour ...
Ich war zu jedem Wagnis bereit, weil ich darauf vertraute, daß ich leben würde.
Wohl kannte ich die Angst vor körperlichem und geistigem Versagen in einer entscheidenden Stunde, die Angst auch vor den objektiven Gefahren. Nicht aber die Angst vor dem Tod. Nicht, weil ich so tapfer gewesen wäre, sondern weil der Tod für mich einfach nicht in Betracht kam.

Inzwischen hatte ich einen zweiten Haken in die Ritze gesteckt, ihn aber vorher an einem Hakenfänger gesichert — für alle Fälle. Wieder sprang er heraus und wieder erschrak ich.

Wenn ein Löffel vom Tisch fällt, bückt man sich und hebt ihn auf. Das ist etwas Alltägliches und wer erschrickt schon dabei.

In einer steilen Wand aber, weit überm Kar, ist das anders. Ein schwirrender Haken, ein fallender Stein, eine Dohle im Sturzflug machen für einen kleinen Augenblick die schwindelnde Tiefe, den gähnenden Abgrund, gegenwärtiger. Für den Bruchteil einer Sekunde identifiziert man sich im Unterbewußtsein mit dem Stürzenden. Stürzen an sich bekommt eine neue Bedeutung. So habe ich besonders bei sehr erfahrenen Bergsteigern, bei Leuten, denen extreme Wände zur Selbstverständlichkeit geworden sind, festgestellt, daß sie, wenn sie in Gedanken sind, unverhältnismäßig stark erschrecken, wenn bei ihnen zu Hause, in gewohnter und geborgener Umgebung etwas zu Boden fällt. Daß ihnen der fallende Löffel einen leisen Aufschrei entlockt, den sie nicht einmal bemerken.

Nach dieser technischen Stelle kam ich wieder schneller vorwärts, kletterte weiter oben nach rechts an die Kante und verfolgte diese, bis sie sich in einem gelben Pfeiler verlor. Nun querte ich teils kletternd, teils abseilend und dann über Schrofen

in die »Solleder-Führe« hinüber, in die der »Meraner Weg« in zwei Drittel Wandhöhe mündet.
Das Seil, das ich bisher ab und zu zur Selbstsicherung verwendet hatte, schlug ich jetzt auf und band es mir in französischer Art auf den Rücken.
Dieses Wandstück kletterte ich nun zum vierten Mal und wenn ich bedachte, daß es sich hier um den geschichtlich ersten Sechsten Grad in den Dolomiten handelte, war ich erstaunt, wie weit sich dieser Sechste Grad inzwischen noch entwickelt hatte.
Nach Angelo Dibona hatten sich Hans Dülfer und Luis Trenker an der Furchetta-Nordwand versucht. Auch sie wurden zur Umkehr gezwungen, eine halbe Seillänge über der heutigen »Dülferkanzel«. Dort kam Emil Solleder zehn Jahre später allerdings auch nicht weiter und fand dann weiter rechts diese Rißreihe, die auf die Gipfelabdachung leitet.

Ich stand jetzt in der brüchigen Wand unterm Dachüberhang in dieser Führe und überlegte, ob ich mich nun sichern sollte oder nicht. Bei der ersten Winterbegehung drei Jahre zuvor hatten wir keinen Haken dazugeschlagen und der Fels war verschneit und kalt gewesen. Jetzt befand ich mich in weit besserer Form als damals, die Wand war trocken und angenehm warm. — Ich verzichtete auf das Seil. Im engen Riß schob ich mich hinaus und erreichte den eisigen Schlußkamin.
Während ich meinen Namen ins Wandbuch kritzelte, erwog ich die Möglichkeit einer Alleinbegehung der Vinatzer-Führe, die heute noch offensteht und die wohl ein Übermaß an Können und Mut voraussetzen würde.
An der direkten Gipfelwand, nämlich dort, wo Dülfer und Solleder gescheitert waren, hatte später Hans Vinatzer die Route bravourös weitergeführt und damit bewiesen, daß es im Felsklettern keine absolute Grenze gibt. Er war seiner Zeit um viele Jahre voraus und mußte damals bereits sehr viel trainiert haben, um in einer derart schwierigen Wand nicht immer ans Stürzen denken zu müssen.

Ich hätte auch daheim in der Sonne liegen können. Aber ich lag oben unter der Scotoni-Südostwand. Am Vormittag hatte mir die Entschlußkraft gefehlt, allein in diese Wand einzusteigen und jetzt war es zu spät.
Fast ein halbes Jahr war seit der Anden-Expedition vergangen und der Auftrieb verbraucht. Damals hatte ich gedacht, daß ich die Höchstform im Herbst erst erreichen würde, jetzt aber stellte ich fest, daß ich klettermüde war. Durch das stufenweise Training — von den Sechstausendern der Anden zu den Viertausendern der Westalpen und anschließend zu den Dreitausendern der Dolomiten — hatte ich innerhalb von einem Monat einen Höhepunkt im Freiklettern erreicht, der jetzt ebenso schnell abklang. Das Training nützte nicht mehr viel, ich war übertrainiert und zudem hatte sich mein Verhältnis zu den großen Wänden verändert.
An den Einstiegen überkam mich nicht mehr ein bedrückendes Gefühl der Winzigkeit. Jede Wand hatte ich wenigstens einmal durchstiegen und ich wußte, daß ich jeden Gipfel in wenigen Stunden erreichen könnte.

Ich sehnte das ehrfurchtsvolle Schaudern zurück, ich hätte die Berge wieder lieber mit den Augen eines Neulings betrachtet.

Jeder Mensch hat seine Träume, insbesondere der junge Bergsteiger. Früher oder später sucht er die Erlebnisse zu diesen Träumen, denn mit einem Traum, der ohne reales Erlebnis bleibt, kann er nicht leben. Er versucht, ihn zu verwirklichen.

Ich aber hatte meine Pläne nie weiter — geschweige denn zu Ende gedacht. Der »Siebte Grad« gehörte daher nicht zu meinen Träumen und war mir damals weder Ziel, noch Faszination.

Die Nordwand der Furchetta vom Munkel-Weg aus. Der »Meraner-Weg« verläuft in der riesigen Verschneidung im rechten Wandteil, ein idealer Anstieg . . .

Kletterei in der direkten Langkofel-Nordwand. Tief unten in der Sonne liegt das Grödner-Tal, in der Wand ist es eisig kalt.

Im Sommer wäre sie trocken gewesen

1. Begehung der direkten Nordwand am Langkofel

Der erste Schnee war in den Karen wieder geschmolzen und so wollten wir doch noch einsteigen. Nur matte Streifen schwärzlichen Eises, die sich vom grauen Fels abzeichneten, verrieten die Rinnen, denen wir ausweichen mußten. Weiter oben deuteten kleine Schneeflecken die Richtung der Linie an, in der unsere geplante Route verlief. Mehr als tausend Meter lief sie in unserem Geiste über die senkrechte Felswand direkt zum Gipfel.

Eine Führe zu eröffnen, bedeutet gleichzeitig Schöpfung und Besitznahme. Die schwimmende Grenze zwischen Besessenheit und Begeisterung bei vielen extremen Bergsteigern ist darauf zurückzuführen und ich frage mich manchmal, warum manche, wenigstens bisher, bei »ihren Führen« so wenig Wert auf Eleganz legten.

Die großen Dolomitenwände, die der Civetta, der Marmolata und die des Monte Agnér hatten mich von allem Anfang an begeistert. In diesem Sommer hatte ich die Nordwand des Langkofel entdeckt und auf mehreren Routen durchstiegen. Eine Wand, die tausend Meter hoch ist, ist eben doch etwas anderes als eine von fünfhundert Metern und wenn man den Schwierigkeiten mit zunehmender Wandhöhe auch überlegener sein muß, so sind auch an den höchsten Wandabbrüchen noch weit schwierigere Touren möglich als die bisher geletterten. Ich bin sicher, daß der »Siebte Grad« in so manchem Klettergarten schon erreicht worden ist. Nur hat er dort wenig Wert. Auch bin ich davon überzeugt, daß im Elbsandsteingebirge, wo es den siebten Schwierigkeitsgrad tatsächlich gibt, dieser rein von der Schwierigkeit her unseren Sechsten Grad weit übertrifft. Aber auch hier haben wir es mit Routen zu tun, die höchstens einige Seillängen lang sind, die Klettergartencharakter haben. Der »Siebte Grad« in einer großen Wand aber, in der Abgeschlossenheit und Einsamkeit, ist eine der Möglichkeiten, den klassischen Alpinismus weiterzuentwickeln.

Natürlich weiß ich, daß solche Schwierigkeiten in den größten Wänden der Erde, an den Achttausendern, vorläufig nicht möglich sind, bin mir aber ebenso sicher, daß sie an den großen Alpenwänden kommen werden.

Sowie sich das extremste Himalayabergsteigen dahin entwickeln wird, daß eine einzelne Seilschaft ohne Sauerstoffgeräte und fremde Hilfe eine der Achttausenderflanken begeht, so wird in einigen jungen Bergsteigern der Wunsch wach, die bisher dagewesenen Schwierigkeiten in den großen Alpenwänden unter Verzicht auf den Bohrhaken zu übertreffen.

Die neue Route durch die Langkofel-Nordwand war mir bei der Alleinbegehung der Soldà-Führe erstmals aufgefallen. Sie zieht durch eine Schlucht, anschließend über einen schwach ausgeprägten Felspfeiler, Rinnen und Risse, zwischen der Soldà-Route links und der Hauptroute rechts, zum Gipfel.

Kaum graute der Tag, stiegen wir ein. Der Lawinenkegel, der sich am Einstieg aufhäufte, war voller Löcher, Einschläge vom Steinschlag. Aber jetzt am Morgen war die Wand ruhig. Das junge Eis hielt die lockeren Steine fest. Nur einmal, den ganzen Vormittag lang, hörten wir weit, weit oben ein Poltern, das sich in einer anderen Schlucht verlor.

Mit einer Langsamkeit, die uns fast zur Verzweiflung trieb, kamen wir am Pfeiler über der Schlucht voran. Wir versuchten, dem Eis auszuweichen, es zu umgehen; umsonst, wir trafen es in jedem Riß, in den Griffen, an den Standplätzen. Kein Sonnenstrahl, kein Leben war in dieser Wand zu fühlen. Nicht einmal die Dohlen kamen bis hierher. Der Fels aber war überraschend fest für eine Nordwand. Das mochte wohl daran liegen, daß die Verwitterung an sonnenarmen Nordseiten oft noch langsamer arbeitet als an Südseiten.

Es war etwa zwei Uhr Nachmittag, als wir endlich schräg rechts aufwärts schrofiges Gelände erreichten. Doch in den tiefen Rinnen lag der erste Herbstschnee, eisig und klar.

Ohne mich sonderlich zu beeilen, da uns jetzt ja nur noch dreihundert Meter bis zum Gipfel fehlten, pendelte ich von Sepp gesichert in eine Schlucht hinein. Mit dem Kletterhammer schlug ich kleine Kerben ins Eis, spreizte und schob mich aufwärts. Am Ende der Schlucht tat sich zwischen zwei eisgepanzerten Wänden ein Kamin auf und ich stemmte mich ein Stück in ihm hoch. Schon nach ein paar Metern blieb ich stehen, erfüllt von einem unheimlichen Gefühl der Unsicherheit, von unerklärlichen Zweifeln über den Weiterweg. Es gelang mir nicht, einen sicheren Haken anzubringen, die Seile zogen schwer nach unten. Dessen ungeachtet mühte ich mich noch ein gutes Stück weiter bis zu einem brauchbaren Standplatz. Von der eisigen Kälte sprangen mir die Lippen auf und Tritte meißelnd, schlug ich mir die Finger am Eis wund. Trotz allem hielt mich ein seltsames Wollen aufrecht, das Wissen, daß wir das Ziel heute noch erreichen mußten.

Vorsichtig seilte ich mich an den steifen Seilen zurück zu Sepp Mayerl. Er hing in den Seilen am Standplatz und trat auf der Stelle. Seine Zehen taten ihm weh. Er hatte sie sich in den Anden angefroren und sie waren erst seit ein paar Monaten wieder genesen. Er mußte alle Augenblicke mit den Schuhspitzen an die Felswand klopfen, so heftig waren die Schmerzen.

Voll Zorn über die schlechten Verhältnisse blieben wir stehen und überlegten, ob es doch nicht am Ende das beste wäre, wenn wir umkehrten und bis zum Wandfuß abseilten. Sepp aber war für den Aufstieg, legte den Kopf weit zurück, um die Gangbarkeit der Kante über sich beurteilen zu können.

Sie war schwierig, aber es ging.

Sepp Mayerl ist einer der wenigen Bergsteiger, die in jedem Gelände weiterkommen. Er ist kein Spezialist. Er ist im Eis ebensogut wie im Fels. Diese so allseitige Könnerschaft ist darauf zurückzuführen, daß er sie Schritt für Schritt in jahrelanger Erfahrung aufgebaut hat.

Bei normalen Verhältnissen hätte uns dieser Wandteil keine Schwierigkeiten mehr bereitet, wahrscheinlich wären wir sogar unangeseilt geklettert. Hätten wir aber da, wo die Wand sich neuerdings senkrecht aufbäumte, nicht einen Abseilzacken gefunden, so hätten wir wohl noch biwakieren müssen.

Ich kletterte an einer kleinsplittrigen Wand, die zwar schneefrei war, die Finger aber waren bis ins Mark der Knochen durchfroren und klamm.
Pendelnd erreichten wir eine Schneerinne und über diese den Gipfel.
»Gerauft haben wir in dieser Wand wie bei einer Winterbegehung«, sagte ich beim Abstieg, worauf Sepp ganz trocken bemerkte: »Im Sommer wäre sie trocken gewesen!«

Zu einem großen Sommer in den Bergen gehörte eine Einladung zum Bergsteigertreffen nach Trient, das alljährlich im Rahmen des internationalen Filmfestivals veranstaltet wird.
Nachdem ich mich in der Direktion vorgestellt hatte, einerseits erfreut über die Einladung, andererseits nicht ohne Resignation über die versäumten Touren bei diesem Wetter, sah ich mir den ersten Film an. Er war bestimmt nichts Einmaliges.
Am Abend saßen wir dann in der »Cantinotta«, einem bekannten Weinlokal in der Altstadt. Eine Menge klingender Namen waren dabei, eine große Ehre, mit dazuzugehören, kein Zweifel, aber langweilig auf die Dauer. Was man hörte, waren Erlebnisse vom Sommer, Bruchstücke nur, man kennt sich ja aus. Die meisten hatten große Touren gemacht, wie nicht anders erwartet und jeder war froh, daß er den Sommer gut überstanden hatte. Man schüttelte sich die Hände, beglückwünschte sich zur einen oder anderen Erstbegehung.
Später, mit einigen Freunden auf der Straße, trafen wir Pierre, der eben erst aufgetaucht war und plötzlich merkten wir alle, daß er vorher gefehlt hatte. Nochmals gingen wir zurück in den Keller, Sperrstunde hin oder her, Pierre ließ sich nicht abweisen.

Für den nächsten Vormittag stand das Round-Table-Gespräch über die Frau am Berg auf dem Programm. In der großen Aula, wo es vor Frauen geradezu wimmelte, hatte mir ein Journalist einen Platz freigehalten.
Die Frau sei dem Mann am Berg ebenbürtig, ja sogar überlegen. Wenn ich richtig verstand, ging es darum, zu beweisen, daß die Frau — entgegen einer Äußerung, die man dem großen Paul Preuß in den Mund gelegt hat — nicht der »Ruin des Alpinismus« sei. Dieser Beweis ist keineswegs so einfach zu führen und ich drehte den Satz einfach um. So hieß er »Der Alpinismus kann der Ruin der Frau sein«. Auf diese Äußerung hin sprangen sie auf von den Sitzen, tobten und schrien. Natürlich fragte ich nicht, ob sie damit beweisen wollten, daß es wirklich so sein kann. Diese Spitze hätten sie nicht mehr vertragen.
Soviel Aufregung wäre bestimmt nicht notwendig gewesen. Die Frauen wollten hören, daß sie in den Bergen ihren Mann stellen, daß sie dem Mann ebenbürtig sind, Emanzipation und so. Die Redner wollten den Frauen gefallen. Allein deshalb drohte dieses Gespräch einseitig zu werden. Bis auf meine Stellungnahme verlief alles ordnungsgemäß, eine Hymne auf die Damenwelt nach der anderen, wer hätte es anders erwartet.
Es gibt wirklich Bergsteigerinnen, die ausgezeichnet klettern, es gibt sogar einige, die viele gute Bergsteiger übertreffen, es gibt eine Handvoll, die Touren des Sechsten Grades führen. Als ich aber in meinem Übermut etwas vom »Männchenwahn« sagte, hatte ich in ein Wespennest gestochen. Das war zuviel. Dieses Wort hat mir die Abneigung der alpinen Damenwelt eingetragen. Da im Saal alle zugleich redeten, konnte man nichts mehr verstehen und einige wären sich beinahe in die Haare geraten. Andere wieder wurden mir gegenüber so eindringlich, daß sie mir fortwährend mit dem Finger an die Brust klopften. Dabei war ich keineswegs zerstreut . .

Fünf Routen an einem Tag

Auf dem Stripsenjoch wehte ein herbstlicher Wind. Es waren einige Wanderer da, aber nur wenige Kletterer. Während Walter Troi und ich in die Dülfer-Route an der Fleischbank einstiegen, ging Günther mit einigen anderen Freunden vom AVS — Sektion Villnöß — hinüber zur Westwand des Predigtstuhls. Gerne hatten wir an dieser Gruppenfahrt in den Kaiser teilgenommen und versprochen, die aktivsten Mitglieder unseres Alpenvereins auf den einen oder anderen Gipfel zu führen.
Der Fels war fester als bei uns in den Dolomiten, aber die Griffe waren zum Teil so abgeschmiert, daß mir die Kletterei nicht ungefährlich erschien. Vom Sommer her hatte ich ein gutes Gefühl für die Reibung, jetzt aber galten diese Regeln plötzlich nicht mehr und ich hielt mich verkrampft an den Griffen. Im Spiralriß allerdings steckten so viele Haken, daß man auch hätte technisch klettern können. Verzichtet man aber auf jeden Fortbewegungshaken, so dürfte eine derart häufig begangene Tour von Jahr zu Jahr schwieriger werden.

Immer, wenn ich in ein neues Gebiet kam, wiederholte ich zuerst einige Routen in den mittleren Schwierigkeitsgraden, um so die Felsbeschaffenheit und die Gegend kennenzulernen. Kannte ich mich einigermaßen aus, dann erst wagte ich mich an extreme Touren oder Erstbegehungen.
Die Quergänge an der Fleischbank-Ostwand machten uns großen Spaß, der Schlußkamin war wieder unheimlich speckig.
Auch die Christaturm-Kante, die ich nach dem Abstieg vom Fleischbank-Gipfel allein durchstieg, empfand ich als gefährlich. Ich war ohne Seil und Karabiner eingestiegen, konnte mich aber

mit den abgewetzten, glänzenden Tritten und Griffen nicht anfreunden.

Am Gipfel entschloß ich mich, keine Alleinbegehungen mehr in derart abgegriffenem Gelände zu machen und stieg dann mit Günther, der inzwischen vom Predigtstuhl zurückgekommen war, auch noch auf diesen Gipfel. Wir hatten wieder eine Dülfer-Führe gewählt und diskutierten während der Kletterei über diesen Pionier des Kaisergebirges. Wir beide waren an der alpinen Geschichte sehr interessiert und gingen bestimmte Routen nur aus historischen Erwägungen. Sie gehören, so dachten wir, zur Allgemeinbildung eines Bergsteigers.

Am Nordgrat der Goinger Halt, unserer nächsten Tour, überholten wir andere Seilschaften. Hier kletterten wir beide seilfrei und waren in wenigen Minuten am Gipfel. Die Zeit reichte noch für eine fünfte Tour und wir entschlossen uns für die Rittlerkante am Bauernpredigtstuhl, die jetzt am Nachmittag noch von der Sonne beschienen war. Als Einstieg wählten wir die Rebitsch-Variante über den Überhang und oben kamen wir, ohne es zu wollen, wieder in die Führe von Rebitsch. Hier war der Fels rauh und die Kletterei ein Genuß. Einmal nur blieb ich bei einer Felsausbauchung stecken, fand aber einen alten, rostigen Haken und wußte, daß wir noch auf der richtigen Route waren ...

Es war Herbst, ein Tag im November. Längere Zeit war ich nicht mehr klettern gewesen und hatte dabei jene Müdigkeit verloren, die von der Übersättigung kommt.
Mir schien jetzt, im Herbst, als wäre der Sommer nicht gewesen. Wenn ich aus den schattigen Gassen und neonhellen Räumen

wieder auf die Brücke kam, hielt ich mein Gesicht gegen die Sonne, so warm war sie noch. Ich sah den Rosengarten über den Giebeln der Häuser, leicht verschneit und bald schon im Schatten. Lärm kam aus den staubigen Straßen und ich hörte den Fluß unter mir nicht rauschen. Ich dachte an die Nordwand vom zweiten Sella-Turm. Eine Tour wollte ich machen, bevor der Winter kam, eine kurze, schwierige, elegante Felskletterei. Die direkte Nordwand vom zweiten Sella-Turm, die ich im Sommer zuvor erstbegangen hatte, kam in Frage. Ich hatte sie als feine Freikletterei in eisenfestem Fels in Erinnerung, wußte, daß einige Wiederholer an ihr abgeblitzt waren. Es reizte mich jetzt, sie allein zu versuchen.

Eine extrem schwierige Route, die man selbst erstbegangen hat, geht man meist nicht zweimal. Die Nordwand vom zweiten Turm aber ist mehr schön als schwierig. Sie ist eine jener Routen, die unvergleichlich sind, vollendet, die man immer wieder klettern möchte.

Der schwarze Punkt an der Wand

1. Alleinbegehung meiner Route am zweiten Sella-Turm

»Glück muß man haben«, sagte ich, während ich in der Klasse auf und ab ging. »Ja, Glück muß man haben.« Ich hatte mich an meinen festen Stundenplan noch nicht gewöhnt und fiel manchmal aus der Rolle.
Alle Köpfe, auch die, die vorher abwesend waren, wandten sich jetzt mir zu, fragend, neugierig. Und ich erzählte ein Erlebnis, wie ich es öfters tat, wenn der Stoff aus Mathematik, den das Monatsprogramm vorsah, abgeschlossen war und die Schüler unruhig wurden.
»Gestern«, begann ich und sah dabei zum Fenster hinaus in den Novemberregen. Die Schüler ahnten nicht, daß es oben in den Bergen schon schneite.
»Gestern«, begann ich nochmals, »ging für mich dieser Sommer zu Ende. An den Sella-Türmen gelang mir eine letzte Tour.

Dort sah plötzlich jemand einen Punkt an der direkten Nordwand vom zweiten Turm — offensichtlich ein Mensch, den niemand dort kannte und der in der Hütte nicht einmal seinen Namen hinterlassen hatte, geschweige denn einen Rucksack. Man wußte von diesem Punkt nur, daß er sich bewegte und jeden Augenblick herunterfallen konnte. Es gab große Aufregung am Steig unter der Nordwand — es war am späten Nachmittag. Ich rastete gerade oben am Ende der dritten Seillänge, auf einer schmalen Leiste, als unten einer rief:
›Jetzt sehe ich ihn auch!‹
Die Sonne stand tief über der Grohmannspitze, ein feuriger Ball, der den heutigen Schnee schon verriet. Er schickte seine letzte Wärme in die Nordwand, als wolle er diesem Menschen aus der Klemme helfen, in die er scheinbar geraten war. Das

Licht lag wohltuend an der grauen, glatten Felswand, sogar die nassen Wasserstreifen bekamen einen freundlichen Anstrich und manchmal blitzte oben beim schwarzen Punkt etwas auf, als wenn man mit Glanzpapier in der Sonne spielt.
›Das sind die Karabiner‹, platzte einer heraus, der selbst etwas von der Bergsteigerei zu verstehen vorgab. Dazu der weiße Helm: es gab keinen Zweifel, der Punkt an der senkrechten Plattenwand war ein Mensch, mit Sicherheit ein Bergsteiger. Ich stand auf der Höhe des Bandes vom dritten Turm, drüben der Langkofel schon im Schatten, die Geislerspitzen mit einem Wolkenschleier umgeben, Sonnenuntergang... Nur die Nordwand vom zweiten Turm stand jetzt voll im Licht... und ausgerechnet dorthin hatte er sich verstiegen oder vielleicht gerade deswegen.
Man hätte mich noch lange nicht gesehen, vielleicht nie, wäre nicht eine Seilschaft, die am Pößnecker Klettersteig umdrehen mußte, unter der Nordwand vorbeigekommen, als er von oben einen Stein ins Kar klatschen ließ, nicht absichtlich, denke ich. Jedenfalls erschraken die unten und starrten hinauf, zuerst noch schrittweise weitergehend, dann blieben sie für einen Augenblick stehen. Als sie den dunklen Punkt in der Wand mit dem fallenden Stein in Beziehung gebracht hatten, stellten sie ihre Rucksäcke ins Kar. Einer kramte sein Fernglas hervor, stellte es scharf und unterrichtete schauend die anderen von dem, was er sah. Dabei gerieten sie in den Schatten, weil die Sonne tiefer und die Dämmerung langsam aber unaufhaltsam höher stieg.

Es gehört zu den ruhigsten Stunden am Berg, dieses Höhersteigen der Schatten. Am besten ist es, finde ich, wenn man knapp unterm Gipfel ist, in einer Nordwand, und aussteigt, während die Sonne untergeht...
Inzwischen waren die Zuschauer mehr geworden. Es war vorauszusehen, daß die vom Pößnecker Steig nicht die einzigen blieben, die sehen wollten, was da los war.
Aber lange Zeit rührte sich der Punkt überhaupt nicht. Dreimalgescheite am Steig unten meinten, man müsse den Bergrettungsdienst verständigen, denn man war sich nun einig, daß es sich da oben um einen Kletterer handelte, der weder vor noch zurück

kam. Die Zuschauer, so schien es, hatten ein Anrecht, ihn gerettet zu wissen.

Der Kletterer war wirklich noch immer an derselben Stelle. Je weniger er sich rührte — und ich kann mich des Eindrucks nicht erwehren, daß er mit Absicht wartete — um so spannender wurde es. Inzwischen war die Sonne untergegangen — auch die Nordwand lag im Schatten — und es mußte endlich etwas geschehen, wenn auch nicht des Kletterers wegen, dem es auf eine Stunde nicht anzukommen schien. (Sonst hätte er wohl um Hilfe gerufen.) Er tastete die Wand über sich ab (das Fernglas ließ keinen Zweifel daran), scheinbar nicht bedenkend, daß er, einmal den Halt verloren, ohne Aufschlag bis ins Kar gestürzt wäre. Aber das geschah nicht und die Zuschauer auf dem Steig hatten das Nachsehen. Im Gänsemarsch und plaudernd gingen sie abwärts.

Da bewegte er sich plötzlich in der Wand. Langsam, aber als hätte er sich entschlossen zu entkommen, ganz entschieden jetzt, da die anderen die Geduld verloren hatten, turnte er aufwärts. Beine gespreizt, ruhig, ohne mit den Händen lange zu suchen, stieg er, als hätte er auf diesen Augenblick gewartet, aufwärts, einmal weiter links, dann durch einen Riß nach rechts, immer gerade empor.

Der Kletterer kam nicht weit. Unter einem Überhang stand er wieder fest, die Beine weit auseinander, mit den Händen die Wand abtastend. Es sah aus, als würde er nach Griffen suchen, warten. Sonst geschah geraume Zeit nichts. Er hatte immer dieselbe Stellung, so daß er mit dem Fels verwachsen zu sein schien. Nur wenn er stieg, war es sicher, daß er lebte.

Inzwischen war es Abend geworden, alle unten waren gegangen, nur ich hatte noch immer keine Eile. Hände in zwei Henkeln, taub für alles rundherum, ließ ich die Nacht über mich hereinbrechen. Am liebsten wäre ich wieder abgeklettert, aber das gelang mir nur für einige Meter. Kurz darauf stieg ich dann doch aufwärts, spielerisch und flink, jetzt unbeachtet, weil die anderen zur Paßstraße gingen, ohne sich weiter um den Alleingeher zu kümmern. Sie konnten ihn nicht mehr sehen, sie konnten nichts tun. Die Gedanken um ihn verloren sich beim Tee in der Hütte.

Ich hatte inzwischen die schräge Verschneidung über den Hauptschwierigkeiten erreicht und turnte, einmal an der linken, einmal an der rechten Verschneidungswand, als müßte ich erproben, wo man noch besser sehen könne, aufwärts. Am Ende stieg ich über ein Band nach rechts an die Kante und blieb dort stehen, um Atem zu holen. Vor dem Abstieg verweilte ich kurz am Gipfel, abgelenkt von einem Flugzeug, das einen hellen Strich in den Himmel zeichnete, offenbar noch in der Sonne, an Höhe gewann und dann am Horizont verschwand. Vorbei — der Strich blieb, aber nicht lange.

Dann lief ich talwärts. Im Kamin war es schon dunkel, was mich nicht weiter aufhielt; ich ging, um den ersten Turm herum und weiter zur Straße. Ob der Wirt gerade zum Fenster herausschaute, während ich die Wiese herunterkam, weiß ich nicht, jedenfalls stand er gleich darauf in der Tür und es machte den Eindruck, daß er nur auf den späten Kletterer gewartet hatte, auf mich, der zur Tagesordnung zurückgekehrt war und nach Hause wollte, um die Vorbereitungen zu schreiben für den nächsten Schultag. Anstatt im Sonnenuntergang stand ich jetzt im Neonlicht bei meinem Wagen, die Leute waren alle schon weggegangen, der Parkplatz leer, der Hüttenwirt, nachdem er gemerkt hatte, daß der Mann draußen weder Hunger noch Durst hatte, schloß die Tür und löschte das Licht.«

»Ja«, sagte ich und ging zum Pult, weil es schon seit einer Weile geläutet hatte, »Glück muß man haben«.

»Das verstehe ich nicht«, sagte einer der Schüler, als ob ich eine Rechenaufgabe schlecht erklärt hätte.

»Wenn sie noch auf der Hütte gewesen wären, hätten sie mir viele dumme Fragen gestellt.«

Die Schüler lachten.

»Dabei ist es wirklich ganz einfach«, sagte ich mit einem Blick auf meine Hände, die kaum abgeschürft waren.

»Ganz einfach?«

»Ich hätte nur loszulassen brauchen!«

Sechster Grad im Himalaya: um dieses extrem schwierige Wandstück an der Manaslu-Südwand auch für die Sherpas gangbar zu machen, mußte es zuerst mit Seilen und Leitern versichert werden.

In diesen Wochen erhielt ich die endgültige Einladung zur Teilnahme an der »Sigi-Löw-Gedächtnis-Expedition« und sagte zu. Unser Ziel war die 4500 m hohe Südwand des Nanga Parbat, die höchste Fels- und Eiswand der Erde.
Die Rupalflanke war nach einigen gescheiterten Versuchen zum größten ungelösten Wandproblem überhaupt geworden und wir waren gespannt auf ihre Schwierigkeiten. Da ich die vorhergegangenen Angriffe auf die Wand verfolgt hatte, die Wand von verschiedenen Bildern her kannte, stellte ich mir die Schwierigkeiten so vor wie in den größten Westalpentouren. Die Höhe wurde mir nur an Hand von Vergleichen verständlich:
Die Rupalwand ist etwa zweieinhalbmal so hoch wie die Eiger-Nordwand, viermal so hoch wie die Civetta-Nordwestwand, achtmal so hoch wie die Nordwand der Großen Zinne. Dazu kommen die gewaltige Meereshöhe und die Abgeschiedenheit.
Auf Grund der Erfahrungen, die ich bei der Anden-Expedition gesammelt hatte, ahnte ich die großen Schwierigkeiten, die Gefahren, die Anstrengung in der Todeszone und ich begann mich diesen Vorstellungen gemäß vorzubereiten.
Da ich für die Teilnahme an der Expedition eine beträchtliche Summe Geld beisteuern mußte, hatte ich das Studium in Padua unterbrochen und unterrichtete an der Mittelschule von Eppan Mathematik, Naturlehre und Leibeserziehung. Vormittags war ich meist in den Klassen, den Nachmittag widmete ich meinem Konditionstraining.
Meine Überlegungen gingen dahin, daß jedes Kilogramm an Mehrgewicht beim Steigen Kalorien und damit Sauerstoff bräuchte, der in einer Meereshöhe über 7000 Meter äußerst dünn ist. Ich überlegte weiter, daß die Beine die Hauptarbeit verrichten würden und begann, die Oberkörpermuskulatur zu Gunsten der Schenkel und Waden abzubauen.
Deshalb kletterte ich jetzt nicht mehr, sondern lief viel bergauf.

Täglich fast absolvierte ich meine Trainingsstrecke von Bozen nach Jenesien. Diese tausend Höhenmeter lief ich auf den Zehenspitzen ohne zu rasten und benötigte dazu weniger als eine Stunde. Gleichzeitig übte ich mich im richtigen Atmen, aß und trank oft nur in großen Zeitabständen, um die Nieren an extreme Situationen zu gewöhnen.

Nach meinem Dafürhalten gibt es drei Stufen der Ausdauer: Die erste, die jeder gesunde Mensch erreicht, erlaubt drei bis vier Stunden Anstrengung, ohne Müdigkeitsgefühl, Hunger oder Durst hervorzurufen.

Die zweite Stufe, die mit der Glykogenspeicherung in der Leber zusammenhängen muß, erreichte ich meist erst nach einigen großen Touren im Sommer. Ich kann in dieser Trainingsphase einen Tag lang klettern, ohne den gewohnten mittäglichen Hunger zu verspüren, auch leide ich kaum an Durst. Meine Kondition ist in diesem Fall nach einer Biwaknacht nicht geringer und das Konzentrationsvermögen wächst.

Die dritte Phase, die ich in den Alpen niemals erreichte, erlebte ich bisher nur am Nanga Parbat und im Dschungel Neuguineas. Bei beiden Expeditionen war ich durch unvorhergesehene Umstände gezwungen gewesen, mehrere Tage lang unter größter Anstrengung, ohne Getränke und Nahrungsmittel weiterzuklettern. In solchen extremen Situationen kommt es viel weniger auf Kraft als auf die Strapazierfähigkeit der inneren Organe an. Leber und Nieren vor allem müssen an derartige Ausnahmezustände gewöhnt sein.

Ich hatte bei Trainingsbeginn nicht damit gerechnet, in eine Notsituation zu geraten wie am Nanga Parbat, nur hatte ich mir die Anstrengung des Aufstieges so enorm viel größer vorgestellt, daß ich ein derartiges Training auf mich nahm. Ohne das Himalaya-Gebirge zu kennen, hatte ich erkannt, daß die Gefahren mit zunehmender Höhe wachsen. Daß man deshalb den Schwierigkeiten und Anstrengungen mehr noch als in den Alpen überlegen sein muß, ist eine Grundregel, die ich immer einzuhalten bemüht war. Das verlangt aber eine Vorbereitung von vielen Monaten. Es wäre verantwortungslos gewesen, ohne spezielles Training an einer so großen Expedition teilzunehmen. Man kann beim Anmarsch zum Berg zwar in Schwung kommen,

aber die konditionellen Voraussetzungen für eine Achttausenderbesteigung müssen schon lange vor dem Start aufgebaut werden.
Bei meinen vielen Expeditionen habe ich inzwischen festgestellt, daß völlig untrainierte Leute oft schon beim Anmarsch zum Basislager oder beim Aufstieg in die ersten Hochlager körperlich zusammenbrechen und die Expedition frühzeitig verlassen müssen. Damit können sie zwar in die eigentlichen Gefahrenzonen nicht eintreten, gefährden aber oft trotzdem ihre Kameraden.
Auch zu dicke Bergsteiger haben Schwierigkeiten. Ein bestimmtes Übergewicht schadet gut durchtrainierten Leuten bei relativ leichten Anstiegen am Beginn vielleicht nicht. An der Rupalwand aber vermutete ich vom Einstieg weg extreme Schwierigkeiten und achtete auf mein Höchstformgewicht, das bei 64 kg liegt.
Meine Ernährung habe ich nicht weiter umgestellt, sie ist immer gleich. Ich esse relativ wenig Fleisch, hauptsächlich Kohlehydrate, viel Obst. Um mich zu entschlacken, legte ich einmal wöchentlich einen Obsttag ein, ich trank viel Milch. Vor der Abreise zum Nanga Parbat aß ich viel Knoblauch, weil ich gelesen hatte, daß er die Elastizität der Gefäßwände vergrößert.
Ich möchte aber ausdrücklich betonen, daß mir wichtig erscheint, daß jeder Mensch vor einer großen Expedition seine Ernährungsgewohnheiten beibehalten sollte, weil eine Umstellung den Organismus sehr belastet.
Ich schlief nicht mehr als gewöhnlich, ca. 6 bis 7 Stunden, verwandte aber wenigstens 4 Stunden täglich für meine Konditionssteigerung und erreichte damit ein körperliches Wohlbefinden wie nach langem Urlaub.
In den Weihnachtsfeiertagen versuchten wir zu viert eine Winterbegehung der Pelmo-Nordwand. Günther, der im letzten Augenblick ebenfalls zur Teilnahme an der Expedition eingeladen worden war, und ich wollten uns in dieser vereisten und verschneiten Wand jene Härte holen, die man im Himalaya braucht. Nach zwei Biwaks wurden wir in zwei Dritteln Wandhöhe von einem Wettersturz überrascht und mußten abseilen. Die Wand war völlig verschneit und durch tiefen Neuschnee wühlten wir uns über das Kar hinunter zum Wagen.

Ich legte eine Loipe an und wechselte zwischen Skilanglauf und steilen Geländeläufen.
Nach einigen Monaten wurde das Training zum Genuß für mich, ich war unlustig, wenn es mir fehlte und manchmal lief ich jetzt sehr lange Strecken. Auch die morgendlichen kalten Duschen waren zur Gewohnheit geworden, auf die ich bis heute nicht verzichten kann. Mittels autogenem Training versuchte ich, meinen Herzschlag zu verlangsamen und die Durchblutung von Händen und Füßen zu verbessern. Auch bemühte ich mich, den Bewegungsablauf in der Todeszone im Geiste nachzuvollziehen. Meine Oberkörpermuskulatur bildete sich dank des speziellen Lauftrainings zu Gunsten der Beine zurück, der Puls sank auf 42 Schläge in der Minute. Ich war mit den Trainingserfolgen zufrieden, obwohl ich bereits vier Monate vor der Abreise zum Nanga Parbat aufgehört hatte, Klettertouren zu machen.
Gleichzeitig studierte ich unsere geplante Route an Bildern, vertiefte mich in die Literatur des Nanga Parbat und sprach mit Leuten, die Jahre vorher schon dort gewesen waren. All dies bestärkte mich in der Überzeugung, daß es schier unmöglich sein müßte, über die Rupalwand den Gipfel des Nanga zu erreichen. Bei der Abreise hielten sich Zweifel und Gewißheit über einen möglichen Erfolg die Waage. Unsere Begeisterung war groß, Ich kam mir aber unendlich klein vor gegenüber dem Nanga Parbat.
Ein halbes Jahr später stand ich mit meinem jüngeren Bruder Günther oben, am Gipfel. Durch unvorhergesehene Umstände wurden wir gezwungen, über die leichtere Westseite abzusteigen. Es gelang, aber Günther wurde am Wandfuß von einer Lawine verschüttet, ich suchte nach ihm, schleppte mich mit erfrorenen Vorderfüßen tagelang durch das Diamirtal abwärts. Wir hatten den »nackten Berg« ungeplant und unvorbereitet überschreiten müssen. Drei Tage lang war ich ohne Trank, fünf Tage lang ohne Essen geblieben, drei Nächte verbrachte ich ohne Schutz im Eis, am Ende kroch ich noch talwärts, weil ich mich nicht mehr auf den Beiden halten konnte.
Es sei ein Wunder, daß ich diese Odyssee überlebt hatte, sagten damals die Bergsteiger in aller Welt. Ich aber glaube an Wunder nicht.